日语初级 2

日本語初級 ②

だいち
中文版

句型说明及译文

文型説明と翻訳〈中国語版〉

山崎佳子・石井怜子・佐々木 薫・高橋美和子・町田恵子

スリーエーネットワーク

©2010 by 3A Corporation

All rights reserved. No part of this publication may be reproduced, stored in a retrieval system, or transmitted in any form or by any means, electronic, mechanical, photocopying, recording, or otherwise, without the prior written permission of the Publisher.

Published by 3A Corporation.
Trusty Kojimachi Bldg., 2F, 4, Kojimachi 3-Chome, Chiyoda-ku, Tokyo 102-0083, Japan

ISBN978-4-88319-530-5 C0081

First published 2010
Printed in Japan

致本书使用者

本书为《日语初级2 大地（だいち） 主教材》的辅助教材，收录有主教材的会话部分以及新语汇的译文、学习项目的解说、有关词汇与文化信息等。请与主教材一起利用。

本书的构成：

1．致本书使用者
2．目次
3．凡例
4．日语的特征
5．登场人物
6．各课（23-42）

各课的构成：

会话：	会话的译文
语汇：	新的语汇按照词类，以名词、动词、形容词、固有名词、其他的顺序排列。插图中出现的语汇及表格中的标题等排在其后。标有＊符号的是与各课所学语汇相关的词汇和表现。
句型说明：	这是对各课学习项目所作的说明。是为了帮助大家在预习和复习时理解新的学习项目而编写的。
词汇与文化信息：	这是与各课内容相关的语汇和文化信息。有助于增长知识，加深理解。

目次

致本书使用者 3
凡例 12
登场人物 14

23　过了桥，左边有个公园 17
句型说明
状态的变化1
条件句2
　　いAく／なAに／Nになります、V dic. と、S
词汇与文化信息：天气

24　这个动物园夜间也开放 23
句型说明
可能形
状态的变化2
　　可能形、N1 は N2 が V（可能形）、
　　V（可能形）dic. ようになります、V（可能形）なくなります
词汇与文化信息：动物

25　已经决定表演什么了吗？ 32
句型说明
理由
　　S1（普通形）ので、S2、带有疑问词的S（普通形）か、～、
　　S（普通形）かどうか、～
词汇与文化信息：房地产信息

26　参加足球集训时送给我的 39
句型说明
表示时间的表现
义务
　　S1 とき、S2、V dic.／V たとき、S、V なければなりません
词汇与文化信息：行政机关

27　从什么时候开始发烧的？ 45
句型说明
んです
　　S（普通形）んです、V1 ながら V2
词汇与文化信息：药与诊疗科

まとめ5 52

28 天空中有星星 ······ 53
句型说明
状态1
传闻
  NがVています，S（普通形）そうです，いAく／なAにV
词汇与文化信息：灾害

29 那是个责任重大的工作，而且可以积累新的经验…… ······ 61
句型说明
并列
决定
  S（普通形）し、～，V dic.／Vないことにしました，
  V dic.／Vないことになりました，V dic.／Vないことになっています
词汇与文化信息：招聘信息

30 我想上制作糕点的专门学校 ······ 67
句型说明
意向形
目的1
  意向形，V（意向形）と思っています，V dic.／Nのために、S
词汇与文化信息：交通与交通口号

31 明天之前帮你看好 ······ 73
句型说明
准备
状态2
  Vておきます，NがVてあります，V／いAい／なAすぎます，
  いAく／なAに／Nにします
词汇与文化信息：美容院、理发店

32 苹果不削皮的好 ······ 79
句型说明
建议
推量1
附带状况
  Vた／Vないほうがいいです，S（普通形）かもしれません，
  V1て／V1ないでV2
词汇与文化信息：体检与疾病

まとめ6 ······ 85

33 如果有车的话，就方便了 ··········· 86
句型说明
条件形
    条件形，S1（条件形）、S2，S（普通形）でしょう
词汇与文化信息：履历表

34 比赛输了 ··········· 94
句型说明
完了
动词的名词化
    V てしまいます，V1 たまま V2，
    V dic. のは／V dic. のが A，S（普通形）のを V
词汇与文化信息：拟态词

35 随身总带着伞 ··········· 101
句型说明
目的 2
    V dic.／V ないように、S，V dic.／V ないようにしています，
    V dic. の／N に S，V にくい／V やすい
词汇与文化信息：吉祥物

36 被译成了许多国家的语言 ··········· 107
句型说明
被动形
    被动形，N1（人）は N2 に V（被动形），
    N1（人）は N2 に N3（物）を V（被动形），
    N（物／事）が V（被动形）
词汇与文化信息：产业

37 好像挺有意思的 ··········· 115
句型说明
样态
预想
    い A～／な A／V そうです，V dic.／V ている／V たところです，
    V てみます
词汇与文化信息：图表与运算

まとめ 7 ··········· 122

38 是"小心猴子"的意思 ········· 123
句型说明
命令形和禁止形
命令形和禁止形，Ｖなさい，Ｎは～という意味です，～と言っていました
词汇与文化信息：标志

39 本想旅行时用买的，可…… ········· 129
句型说明
推量2
逆接的"のに"
Ｓ(普通形)ようです，S1(普通形)のに、S2，Ｖたばかりです
词汇与文化信息：电车事故

40 想送儿子去补习班，可…… ········· 135
句型说明
使役形
使役形，N1(人)はN2(人)にN3(物)をＶ(使役形)，
Ｖ(使役形)ていただけませんか
词汇与文化信息：大学生活

41 曾经在研究生院研究医学 ········· 141
句型说明
尊敬表现
尊敬语，尊敬动词，おＶになります，
おＶください，尊敬形
词汇与文化信息：旅行

42 是10年前来日本的 ········· 149
句型说明
自谦表现
自谦语，自谦动词，お／ごＶします
词汇与文化信息：店内实用表现

まとめ 8 ········· 155

巻末 ········· 156

日语初级1的目次

日语的特征
はじめましょう

1 我是林泰
句型说明
名词句1：非过去（肯定、否定）
　N1は N2です，Nじゃ ありません，Sか
词汇与文化信息：职业、爱好

2 那是什么CD？
句型说明
指示词1：これ、それ、あれ
　これ／それ／あれ，このN／そのN／あのN
词汇与文化信息：菜单

3 这里是百合大学
句型说明
指示词2：ここ、そこ、あそこ
　ここ／そこ／あそこ，N1は N2(场所)です
词汇与文化信息：校园地图

4 明天干什么？
句型说明
动词句1：非过去（肯定、否定）
　NをVます，Vません，N(场所)でVます
词汇与文化信息：食物

5 悉尼现在几点？
句型说明
动词句2：过去（肯定、否定）
时间表现
　Vました，Vませんでした，―時―分，N(时刻)にVます
词汇与文化信息：武术

6 去京都
句型说明
动词句3：行きます、来ます、帰ります
　N(场所)へ 行きます／来ます／帰ります，
　N(时间)に 行きます／来ます／帰ります，
　N(交通手段)で 行きます／来ます／帰ります
词汇与文化信息：日本的节日

まとめ 1

7 真好看的照片啊
句型说明
形容词句1：非过去（肯定、否定）
　　N は いA／なA です，N は いA くないです／なA じゃ ありません
词汇与文化信息：世界遗产

8 富士山在什么地方？
句型说明
存在句
　　N1(场所) に N2 が あります／います，
　　N1 は N2(场所) に います／あります
词汇与文化信息：自然

9 你喜欢什么运动？
句型说明
对象用"が"来表示的句子
　　N が 好(す)きです／嫌(きら)いです／上手(じょうず)です／下手(へた)です，
　　N が 分(わ)かります，S1 から、S2
词汇与文化信息：体育、电影、音乐

10 我是跟渡边小姐学的茶道
句型说明
动词句4：动作的接收者及给予者用"に"来表示的动词
　　N1 に N2(物) を V
词汇与文化信息：祝贺、压岁钱、探望

11 东京和首尔哪边冷？
句型说明
比较
　　N1 は N2 が A，N1 は N2 より A，
　　N1 と N2 と どちらが A か，N1 で N2 が いちばん A
词汇与文化信息：宇宙

12 旅游怎么样？
句型说明
形容词、名词句2：过去（肯定、否定）
　　いA かったです／なA でした／N でした，
　　いA くなかったです／なA じゃ ありませんでした／N じゃ ありませんでした
词汇与文化信息：一年中的庆典活动

まとめ 2

9

13 想吃点儿什么
句型说明
ます形
　Nが 欲しいです，Nを Vたいです，
　N1(場所)へ Vます／N2に 行きます／来ます／帰ります
词汇与文化信息：教育

14 我的爱好是听音乐
句型说明
动词分类
字典形
简体会话1
　わたしの 趣味は V dic. こと／N です，V dic. こと／Nが できます，
　V1 dic. ／Nの まえに、V2
词汇与文化信息：方便商店

15 现在别的人用着呢
句型说明
て形1
简体会话2
　Vて ください，Vて います
词汇与文化信息：厨房

16 可以摸一下吗？
句型说明
て形2
　Vても いいです，Vては いけません，V1て、(V2て、) V3
词汇与文化信息：车站

17 请不要太勉强
句型说明
ない形
て形3
简体会话3
　Vないで ください，Vなくても いいです，V1てから、V2
词汇与文化信息：电脑和电子邮件

18 我没看过相扑
句型说明
た形
简体会话4
　Vた ことが あります，V1たり、V2たり します，V1た／Nの あとで、V2
词汇与文化信息：都道府县

まとめ3

19 我觉得车站既明亮又干净
句型说明
普通形
简体会话5
　普通形と 思_{おも}います，普通形と 言_いいます
词汇与文化信息：身体、伤病

20 这是女朋友送的T恤衫
句型说明
名词修饰
　名词修饰句
词汇与文化信息：颜色、花纹、材料

21 要是下雨的话，旅游团就中止
句型说明
条件句
　S1たら、S2，Vたら、S，S1ても、S2
词汇与文化信息：日本的时代

22 你给我做了饭
句型说明
动词句5：授受动词
　N1（人）に N2（物）を くれる，
　Vて くれる，Vて もらう，Vて あげる
词汇与文化信息：贺年片

まとめ4
巻末_{かんまつ}

凡例

		〔例〕
N 名词		

V 动词		
V dic.	字典形	〔よむ〕
V ます	ます形	〔よみます〕
V~~ます~~	ます形的语干	〔よみ〕
V ましょう	V~~ます~~+ましょう	〔よみましょう〕
V たい	V~~ます~~+たい	〔よみたい〕
V ながら	V~~ます~~+ながら	〔よみながら〕
V にくい	V~~ます~~+にくい	〔よみにくい〕
V なさい	V~~ます~~+なさい	〔よみなさい〕
お V ください	お+V~~ます~~+ください	〔およみください〕
V て	て形	〔よんで〕
V た	た形	〔よんだ〕
V たら	V た+ら	〔よんだら〕
V ない	ない形	〔よまない〕
V~~ない~~	ない形的语干	〔よま〕
V なくなります	V~~ない~~+なくなります	〔よまなくなります〕
V なければなりません	V~~ない~~+なければなりません	〔よまなければなりません〕
V ないで	ない形的て形	〔よまないで〕

A 形容词		
い A	い形容词	〔おおきい〕
い A~~い~~	い形容词的语干	〔おおき〕
い A く	い A~~い~~+く	〔おおきく〕
な A	な形容词	〔べんり〕
な A に	な A+に	〔べんりに〕

S	句、短句（含有主谓语）	〔わたしはがくせいです。〕 〔いいてんきです〕が、〔さむいです。〕
S（普通形）	S的普通形	〔わたしはがくせいだ。〕 〔いいてんきだ〕が、〔さむい。〕
*	表示词尾变化的表格中的例外。	〔*いいです〕
＊	与每课所学词汇有关联的词汇和表现。	〔あさごはん＊〕
○	正确的句子	〔○カメラをかいたいです。〕
×	不正确的句子	〔×ゆきがふってください。〕

登场人物

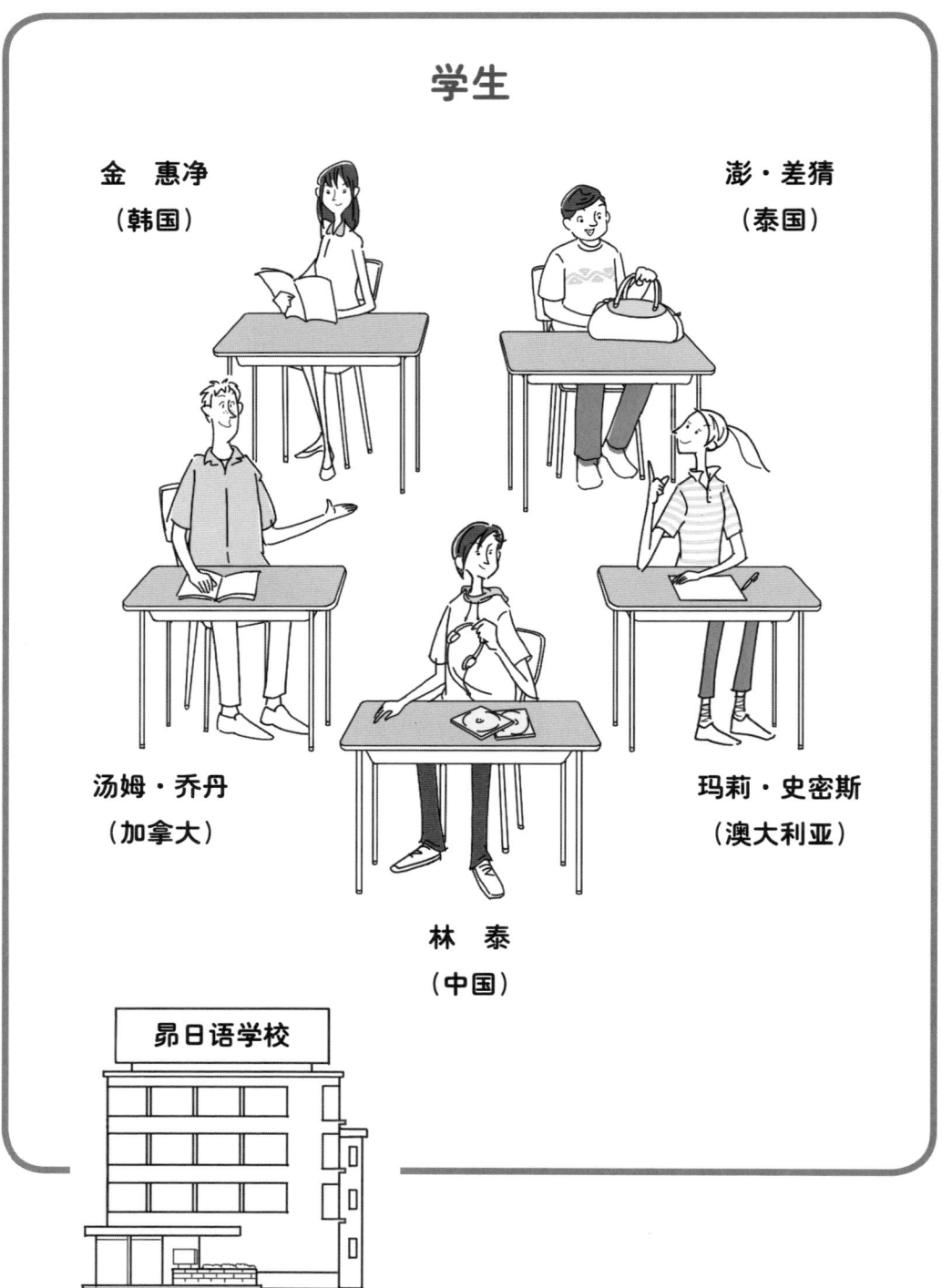

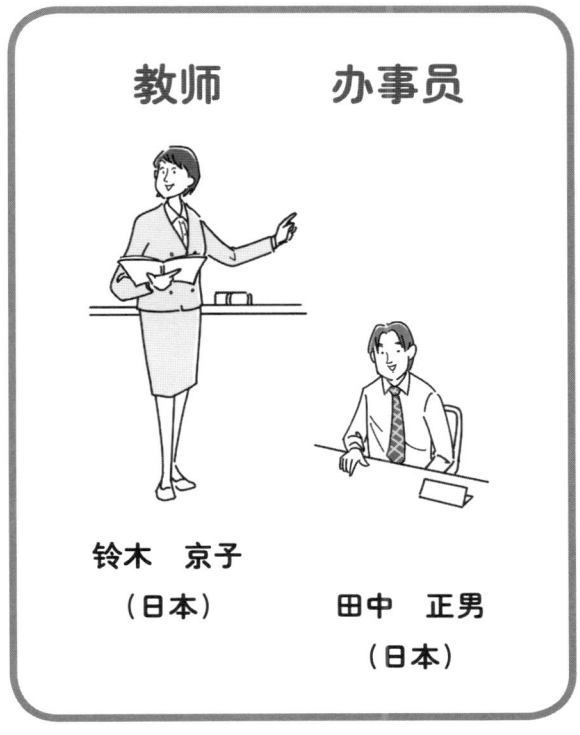

教师　　办事员

铃木　京子
（日本）

田中　正男
（日本）

管理员

岩崎　一郎
（日本）

昴宿舍

木村　春江
（日本）

木村　洋
（日本）

渡边　亚纪
（日本）

黎　珶安
（越南、工程师）

阿朗·马勒
（法国、银行行员）

郝瑟·卡鲁劳斯
（秘鲁、公司职员）

23 过了桥，左边有个公园

会话

木村： 阿朗先生，好久不见。

马勒： 啊，木村先生，身体好吗？ 实际上，我前几天搬家了，是这附近新建的公寓。

木村： 是吗，哪儿啊？

马勒： 是西町1丁目。沿着这条马路一直走，过了桥，左边有个公园，我住的公寓就在那个公园的旁边。

木村： 新房间一定很舒适吧？

马勒： 是的。早晨可以听到鸟叫。而且，从窗户还可以看到公园里的樱花。

木村： 真不错啊。

马勒： 房间总算收拾干净了，你来玩儿吧。

木村： 谢谢。

词汇

23

おなか		肚子
らくだ		骆驼
リサイクル		资源再生
リサイクルこうじょう	リサイクル工場	资源再生工厂
きっぷ	切符	票
ていき	定期	定期、月票
けん	券	票、券
ていきけん	定期券	月票
ベンチ		长椅
ペットボトル		塑料瓶
あぶら	油	油
てんぷらあぶら	天ぷら油	食用植物油
パック		软包装
ぎゅうにゅうパック	牛乳パック	牛奶盒（软包装）
びん	瓶	瓶
トイレットペーパー		手纸
どうろ	道路	道路
ざいりょう	材料	材料
カーペット		地毯
ボタン		钮扣
みぎ	右	右、右边
ふた		盖子
でんき	電気	电灯、电力
ひだり	左	左、左边
こうさてん	交差点	十字路口
しみん	市民	市民
しみんびょういん	市民病院	市民医院
きせつ	季節	季节
うき	雨季	雨季
かんき	乾季	旱季

ひさしぶり	久しぶり	（隔了）好久
せんじつ	先日	前几天、上次
なる　Ⅰ		成了、变为
でる　Ⅱ	出る	出现、出来
あく　Ⅰ	開く	开
つく　Ⅰ		开、打开
ながれる　Ⅱ	流れる	流
きえる　Ⅱ	消える	关、熄、灭
まがる　Ⅰ	曲がる	拐
わたる　Ⅰ	渡る	过（桥等＋を）
あずける　Ⅱ	預ける	存、寄存、委托
つづく　Ⅰ	続く	继续
きこえる　Ⅱ	聞こえる	听见
きたない	汚い	脏
じょうぶ[な]	丈夫[な]	结实
～め	～目	第～（接数词后，表示序号）
一ちょうめ	一丁目	一丁目（用于表示将町进一步划分后的地区）
まっすぐ		一直、照直
じつは	実は	其实、实际上
～など		～等

シンガポール		新加坡
サミットぎんこう	サミット銀行	高峰银行
にしまち	西町	西町

句型说明

23 状态的变化 1、条件句 2

1. 暗く なります。　暗下来。
   静かになります。　安静下来。
   夜に なります。　夜晚来临。

   ● ［いА く / なА に / N に］ なります

   "なります"是表示状况、状态发生变化的动词，意思是"成了、变成"。
   接续"なります"时，い形容词词尾的"い"变为"く"，な形容词和名词后接"に"。

   い А：くらい → くらく
   　　　*いい → よく
   な А：しずか → しずかに　　なります
   N　 ：よる　 → よるに

2. このボタンを押すと、お茶が出ます。　一按这个按钮，茶就会流出来。

   ● V dic. と、S

   1）"と"连接两个句子，表示某一动作一旦发生（V dic.），做为其结果，必然会出现的另一动作或状态（S）。意思是"一～就～"。
   春になると、桜が咲きます。　春天一到，樱花就会绽开。
   まっすぐ行くと、右に郵便局があります。　一直往前走，右边有家邮局。

   2）S 不使用过去形和"V てください""V たいです"等表示说话者意志的表现。

3. ジュースを買って来ます。　我去买汽水来。

   ● V て来ます

   意思是去某一地方做某一事情之后再返回到原来的地方。

① 新しい部屋は気持ちがいい**でしょう**。　新房间一定很舒适吧?
　　1) 说话者征求听话者同意的表现。意思是"…吧?"。
　　　 "でしょう"发音为升调的时候比较多。
　　2) "でしょう"之前使用普通形。な形容词和名词接续"でしょう"时，省略普通形的"だ"。

② 左に公園があります。僕のアパートは**その**隣です。
　 左边有个公园，我住的公寓就在那个公园的旁边。
　 "その、それ、そこ"并非实际指着说话者看到的东西，也可用于指所讲内容的全部或一部分时。上边例句中的"その"指的是"こうえん"。⇒第2课-**1**
　　　A：あしたのパーティーに20人来ます。　明天的宴会有20个人出席。
　　　B：それは大変ですね。　那可够招呼的。
　　　先週沖縄へ行きました。そこで珍しい魚を見ました。
　　　上星期，去了趟冲绳。在那里，看到了一些很珍奇的鱼。

③ シンガポール**には**季節が2つあります。　新加坡有两个季节。
　 表示主题的助词"は"是把"は"之前的成分做为主题提起。包含有其他助词的成分也一样。
　　　バスで京都へ行きました。　→　京都へはバスで行きました。
　　　是坐长途汽车去的京都。　　　 去京都是坐长途汽车去的。
　　　事務室でたばこが吸えません。→　事務室ではたばこが吸えません。
　　　办公室不能吸烟。　　　　　　 在办公室是不能吸烟的。
　 但是，其他助词是"を""が"的场合，则须把"を""が"与"は"相替换。
　　　コンビニでコンサートのチケットを売っています。
　　　方便店有卖音乐会的入场券。
　　　→ コンサートのチケットはコンビニで売っています。
　　　　 音乐会的入场券在方便店卖。

④ いちばんいい季節は11月ごろです。いろいろな果物がおいしくなる**からです**。
　 最好的季节是11月左右。因为各种各样的水果都会成熟，变得美味可口。
　 "からです"是用于对前面所述内容的理由加以说明时的表现。"からです"的前面使用普通形。

词汇与文化信息

天気　天气

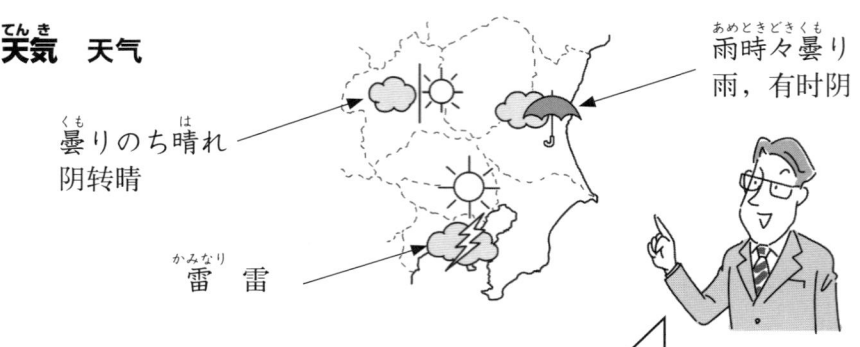

曇りのち晴れ　阴转晴
雨時々曇り　雨，有时阴
雷　雷

> あしたは晴れて、蒸し暑いでしょう。ところによって夕方激しい雨になるでしょう。
> 明天晴，预计比较闷热。预计局部地区傍晚有暴雨。

週間天気予報　一周天气预报

日付 日期		20（木）	21（金）	22（土）
東京 东京		☀/☁	☁/☂	☂
最高気温 最高气温／ 最低気温 最低气温	℃	32／26	30／24	29／25
降水確率 降水确率	%	10	60	100

大雨警報　大雨警报　　暴風警報　暴风警报
洪水注意報　洪水警戒警报　　光化学スモッグ注意報　光化学烟雾警戒警报
花粉情報　花粉预报　　紫外線情報　紫外线预报
梅雨　梅雨　　梅雨入り　入梅　　梅雨明け　出梅
高気圧　高气压　　低気圧　低气压
湿度が高い　湿度高　　湿度が低い　湿度低
真夏日（最高気温が30度以上の日）　盛夏日（最高气温为摄氏30度以上的日子）
熱帯夜（最低気温が25度以上の夜）　热带夜（最低气温为摄氏25度以上的夜晚）

24 这个动物园夜间也开放

会话

林： 欸，这只动物一动也不动啊。
木村： 对，它白天睡觉，但晚上很活跃。
林： 噢。你知道得可真详细啊。
木村： 因为我特别喜欢动物，经常到这个动物园来。
林： 是吗？不过，那也只能看到动物们白天的样子吧？
木村： 这个动物园从去年开始，改成夜间也开放了。晚上来很有意思。
林： 那我下次晚上来。
木村： 中国也有这样的动物园吗？
林： 嗯，不太清楚。

词汇

24

バイオリン		小提琴
かたて	片手	一只手
トラック		卡车
ハンバーガー		汉堡包
けいさん	計算	计算
さる	猿	猴子
イルカ		海豚
ダイビング		潜水
ざぜん	座禅	坐禅
げんきん	現金	现金
おとな	大人	大人
むすこ	息子	儿子（指别人的儿子时加"さん"）
むすめ*	娘	女儿（指别人的女儿时加"さん"）
ママ		妈妈
パパ*		爸爸
じ	字	字
キャンプ		野营
～じょう	～場	～场
キャンプじょう	キャンプ場	野营场
インタビュー		采访、面试
インタビューシート		面试问题笔记
めんせつ	面接	面试
ほいくえん	保育園	保育园
こくせき	国籍	国籍
ねんれい	年齢	年龄
きょか	許可	许可

～しょう	～証	～证
きょかしょう	許可証	许可证、执照
けいけん	経験	经验、体验
りゆう	理由	理由
おりがみ	折り紙	折纸手工
ひるま	昼間	白天
ようす		情况、样子
はしる　Ⅰ	走る	跑
よやくする　Ⅲ	予約する	预约
わる　Ⅰ	割る	磕（鸡蛋）、割
ダウンロードする　Ⅲ		下载
しらべる　Ⅱ	調べる	查、调查
なげる　Ⅱ	投げる	扔、投
うける　Ⅱ	受ける	接受
さいようする　Ⅲ	採用する	录用
うごく　Ⅰ	動く	动
ごぞんじだ	ご存じだ	知道（"しっている"的尊敬语）
一かこく	一か国	一个国家（数国家时的量词）
一キロ（キロメートル）(km)		一公里
一こ	一個	一个（数小东西时的量词）
一センチ（センチメートル）(cm)		一厘米
一さつ	一冊	一册（数书本等时的量词）
こんな		这样的、这种
そんな*		那样的、那种（指离听话者较近的东西）
あんな*		那样的、那种（指离说话者和听话者双方都比较远的东西）
あれ		哎呀（惊讶、奇怪时发出的语气词）
～しか		只～

いかがですか。		如何。怎么样。

24

りょうごく	両国	两国
かまくら	鎌倉	镰仓
しもだ	下田	下田
ひめじ	姫路	姬路
なは	那覇	那霸
かのうけい	可能形	可能形

句型说明

可能形、状态的变化 2

1. 可能形

   1）表现事物的可能或不可能时使用可能形。
   2）与 "V dic. ことができます" 的意思相同，但在日常会话中可能形使用的比较多。⇒第 14 课
   3）可能形的作成方法如下：

   Ⅰ型：把字典形的最后音节 "-u" 变为 "-e る"。
   Ⅱ型：把字典形的 "る" 变为 "られる"。
   Ⅲ型："くる→こられる"、"する→できる"

	V dic.	V（可能形）			V dic.	V（可能形）	
Ⅰ	かう	かえる	う→え	Ⅱ	たべる	たべられる	る→られる
	かく	かける	く→け		ねる	ねられる	
	およぐ	およげる	ぐ→げ		おきる	おきられる	
	はなす	はなせる	す→せ		かりる	かりられる	
	まつ	まてる	つ→て	Ⅲ	くる	こられる	
	しぬ	しねる	ぬ→ね		する	できる	
	あそぶ	あそべる	ぶ→べ				
	よむ	よめる	む→め				
	とる	とれる	る→れ				

   由于 "わかる" "できる" 其本身就包含有可能的意思，所以没有可能形。另外 "ふえる" "へる" "なくなる" 等没有意志的动词也没有可能形。

   4）所有可能形的词尾变化都与Ⅱ型动词相同。

2. マリーさんは漢字が書けます。 玛莉小姐会写汉字。

● N1 は N2 が V（可能形）

1）在可能形的句子中，要把表示他动词对象所用的助词"を"变为"が"。
マリーさんは漢字を書きます。 玛莉小姐写汉字。
マリーさんは漢字が書けます。 玛莉小姐会写汉字。

2）可能形与"V dic. ことができます"一样，有两个意思。如下面的例句那样，一是用于表示人的能力的场合，另一是用于表示在某种状况下，动作能够实现的场合。⇒第14课
リンさんは1キロメートル泳げます。 林先生能游1,000米。
図書館で本が借りられます。 在图书馆可以借书。

3）"みます"的可能形是"みられます"，"ききます"的可能形是"きけます"。表示实现"看""听"等意志。
動物園で象が見られます。 在动物园能看到大象。
このレストランでジャズが聞けます。 在这家餐厅能听到爵士乐。
类似的词汇有"みえます""きこえます"，但这不是可能形。与意志无关，表示"对象进入视野""声音传到耳朵里"。"看见"或"听见"的事物为句子的主语，伴有助词"が"。
この部屋から山が見えます。 从这个房间能看见山。
鳥の声が聞こえます。 能听见鸟叫。

3. うちの息子は歩けるようになりました。 我儿子会走路了。

● V（可能形）dic. ようになります

表示状态，状况变化的"なります"，不仅接续形容词、名词，而且也可以接在动词之后。⇒第23课–1
"V（可能形）dic. ようになります"表示从不可能的状态、状况向可能的状态、状况的转化。除可能形以外，也可以用于带有可能意思的动词"わかる""みえる"等。
眼鏡を掛けたら、よく見えるようになりますよ。
戴上眼镜，就能看清楚。

4. 祖父は長い時間歩けなくなりました。　爷爷不能走远路了。

● V（可能形）なくなります

1）"Vなくなります"表示从可能的状态、状况向不可能的状态、状况的转化。
这一用法接续可能形的ない形。

　　よめる　　　よめない　→　よめなくなります
　　あるける　　あるけない　→　あるけなくなります

2）也可用于带有可能意思的动词，如"わかる""みえる"等。
　　星が見えなくなりました。　星星看不见了。

---

① 現金しか使えません。　只能用现款。

"しか"之后伴有动词、形容词的否定形，是对所说内容以外的东西加以否定的助词。意思是"只"。

"しか"用于持否定看法时，而"だけ"没有否定的含义。⇒第20课
　　○10分しかありませんから、急ぎます。　只有十分钟，赶紧。
　　×10分だけありますから、急ぎます。

② 昼間は寝ていますが、夜はよく動きます。　白天睡觉，但晚上很活跃。

表示主题的助词"は"也常用于对比。在上面的例句中，是把"ひるま"与"よる"加以对比的。

③ 中国にもこんな動物園がありますか。　中国也有这样的动物园吗？

意思为"也"的助词"も"和助词"は"一样，也可以接在其他助词后面使用。用"も"的场合，助词"を"和"が"可以与其替换。⇒第23课-③

　　うちから富士山が見えます。わたしの学校からも富士山が見えます。
　　从我家可以看到富士山。从我们学校也可以看到富士山。
　　ポンさんは歌が上手です。ギターも上手です。
　　澎先生唱歌唱得很好。吉他弹得也很棒。

24

意志动词和无意志动词

1）可以表示动作主体（主语）意志的动词叫做意志动词，不能表示动作主体意志的动词叫做无意志动词。

あしたまでにレポートを書きます。　　書く：意志动词
明天之前写报告。

北海道へ行きたいです。　　行く：意志动词
想去北海道。

机の上に本があります。　　ある：无意志动词
桌子上有书。

雪が降っています。　　降る：无意志动词
下着雪。

2）意志动词用于愿望、委托、禁止、劝诱等各种句型表现。这些表现中不能使用无意志动词。另外，可能形也是由意志动词变化而成的。

○カメラを買いたいです。　想买一个照相机。
○100メートル泳げます。　能游100米。
×もっと時間がありたいです。
×雪が降ってください。

> 动词中也有"わすれる""なる""いる"等，既可以作为意志动词，也可以作为无意志动词使用的动词。
> 卒業したら、ミュージシャンになりたいです。（意志动词）
> 毕业后，想当个音乐家。
> 寒くなりましたが、お元気ですか。（无意志动词）
> 天冷了，身体好吗？

词汇与文化信息

動物 动物

ぞう
象
大象

きりん
长颈鹿

とら
老虎

カンガルー
袋鼠

しか
鹿

きつね
狐

たぬき
狸

かば
河馬
河马

ゴリラ
大猩猩

しまうま
斑马

うし
牛
牛

ぶた
豚
猪

ひつじ
羊
羊

うま
馬
马

にわとり
鶏
鸡

か
蚊
蚊子

はえ
苍蝇

ごきぶり
蟑螂

はち
蜜蜂

からす
乌鸦

25 已经决定表演什么了吗？

会话

田中： 马上就要到文化节了。
　　　 金小姐的班级已经决定表演什么了吗？
金：　 定了，大家一起表演音乐剧。
田中： 不错嘛。什么样的音乐剧？
金：　 保密！至于是什么样的音乐剧，到时候再来欣赏好了。
田中： 好，我一定去看。
金：　 不过，因为时间不多了，我有点儿担心歌能不能记住。
田中： 没问题，加油吧。
金：　 谢谢。

词汇

ユーモア		幽默
にんき	人気	受欢迎、人气
し	詩	诗
しめきり	締め切り	截止日期
データ		数据
はんにん	犯人	犯人
てぶくろ	手袋	手套
〜つもり		打算〜
メンバー		成员
めんきょ	免許	执照
やちん	家賃	房租
ひあたり	日当たり	日照
ぶんかさい	文化祭	文化节（在学校里，由学生举行的各种展示、音乐、演剧等文化活动）
ミュージカル		音乐剧
ひみつ	秘密	秘密
おくれる Ⅱ	遅れる	迟到（上课等＋に）、进展比标准的慢
かんがえる Ⅱ	考える	考虑、想
かくにんする Ⅲ	確認する	确认
もうしこむ Ⅰ	申し込む	申请（机关等＋に）（参加等＋を）
でる Ⅱ	出る	发（车）
パンクする Ⅲ		爆胎
たのむ Ⅰ	頼む	委托、拜托（人＋に）（事物＋を）
こたえる Ⅱ	答える	回答
さそう Ⅰ	誘う	劝诱、邀请
とる Ⅰ	取る	取得（执照）
かう Ⅰ	飼う	饲养
おぼえる Ⅱ	覚える	记住

かっこいい		潇洒、形象好
—はく／ぱく	—泊	—夜（数住宿的天数时的量词）
ほかに		其他
もうすぐ		马上
かならず	必ず	一定

みどりまち	みどり町	绿町
しみんセンター	市民センター	市民中心

句型说明

理由

1. 彼はユーモアがあるので、人気があります。
   因为他有幽默感，所以很受欢迎。

   ● S1（普通形）ので、S2

   1）"S1 ので"表示在 S2 中所述事情的理由。意思是"因为…所以…"，与"から"意思相同，两者都表示理由，但是"から"用于说话者讲述理由来表明自己的某一主张的场合，而"ので"是客观地述说因果关系和事实关系的表现。S2 中不用命令等强烈意志的表现。"ので"也和"から"一样，接在表示理由的句子之后。⇒第 9 课

   2）"ので"也可以用于为得到批准而进行的理由说明，或进行辩解等场合。另外，有时会省略 S2，只用"S1 ので…"的形式。

   3）"ので"之前使用普通形，但な形容词和名词时，普通形"だ"要变为"な"。
   足が痛いので、タクシーで行きます。　因为脚疼，所以坐出租车去。
   雨なので、タクシーで行きます。　因为下雨，所以坐出租车去。

V	みる みない みた みなかった	ので	なA	ひまな ひまじゃない ひまだった ひまじゃなかった	ので
いA	たかい たかくない たかかった たかくなかった	ので	N	あめな あめじゃない あめだった あめじゃなかった	ので

2. 試験は何時に始まるか、教えてください。　请告诉我考试几点开始。

● **带有疑问词的 S（普通形）か、～**

1）句子中包含着带有疑问词的疑问句的表现。
在上面的例句中包含有疑问句"しけんはなんじにはじまりますか"。

2）"か"之前，使用带有"なに""だれ""どこ""いつ""どう"等疑问词的疑问句的普通形。但な形容词和名词时，要省略普通形的"だ"。

$$
\left.\begin{array}{l}
\text{V }：\quad 何時に始まる \\
\text{いA}：どの先生が厳しい \\
\text{なA}：\quad 何が必要 \\
\text{N }：\quad いつが締め切り
\end{array}\right\} か、教えてください。
$$

$$
请告诉我 \left\{\begin{array}{l}
几点开始。\\
哪个老师厉害。\\
需要什么。\\
什么时候截止。
\end{array}\right.
$$

3. ツアーに行くかどうか、確認します。　确认一下是不是去旅行。

● **S（普通形）かどうか、～**

1）这一句型是句子中包含有不带疑问词的疑问句的表现。意思是"是不是…"。
上面的例句包含有"ツアーにいきますか"这一疑问句。

2）"かどうか"之前使用普通形。但な形容词和名词时，要省略普通形的"だ"。

$$
\left.\begin{array}{l}
ツアーに行く \\
ツアーに申し込んだ \\
海が見える部屋
\end{array}\right\} かどうか、確認します。
$$

$$
确认一下 \left\{\begin{array}{l}
是不是去旅行。\\
是不是已报名参加旅行团了。\\
是不是能看见大海的房间。
\end{array}\right.
$$

4. まだレポートを出していません。　还没有交报告。

● Ｖていません

1）是表示动作还没有发生，或还没有结束的表现。意思是"还没有…"。这一句型多与副词"まだ"一起使用。

　　Ａ　：もうレポートを出しましたか。　你已经交报告了吗？
　　Ｂ１：はい、もう出しました。　对，已经交了。
　　Ｂ２：いいえ、まだ出していません。　没有，还没有交。

2）"Ｖていません"表示的是Ｖ还没有结束，或Ｖ没有进行的状态一直持续着，而"Ｖませんでした"表示的是在某一期间内没有进行Ｖ这一事实。
　　わたしはまだ発表の準備をしていません。　我还没做发表的准备。
　　わたしは発表の準備をしませんでした。　我没做发表的准备。

---

① みんなでミュージカルをやります。　大家一起表演音乐剧。
　　助词"で"有把主题统一限定的功能。
　　わたしたちでパーティーの準備をしましょう。
　　我们一起来进行宴会的准备吧。

👥 まだ決めてない。　还没有决定。
　　在会话时，有时发音能够缩短。
　　"きめてない"是"きめていない"缩短后的形式（缩约形）。
　　"Ｖて"之后的"い"被省略了。
　　"Ｖている"也一样，变为"Ｖてる"。
　　　　あ、雨が降ってる。　啊，下着雨呢。

词汇与文化信息

不動産情報（ふどうさんじょうほう） 房地产信息

みどりアパート

- 最寄り駅：○○線△△駅 歩10分
  最近车站：○○线△△站，步行10分钟
- 種別：アパート築5年
  类别：已建5年的公寓
- 2階・南向き
  二楼、朝南
- ペット不可
  不可饲养宠物
- 間取り：1K（20㎡）
  房间布局：1室（带厨房，20平方米）
- 家賃：58,000円
  房租：58,000日元
- 管理費：2,000円／1か月
  物业费：2,000日元／月
- 敷金：1か月
  押金：房租1个月
- 礼金：2か月
  礼金：房租2个月
- インターネット完備
  有因特网

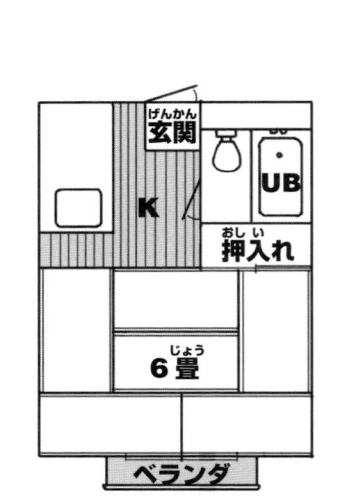

（平面图标注：玄関、K、UB、押入れ、6畳、ベランダ）

一戸建て 独家住宅　マンション 高级公寓
和室 日式房间　洋室 西式房间
1畳 一张榻榻米宽（1.65㎡）　2LDK（エルディーケー） 2室1厅（客厅兼餐厅）
玄関 门口　浴室 浴室　押入れ（日式房间的）壁橱
ベランダ 阳台　更新料 续约费用　大家さん 房东

26 参加足球集训时送给我的

会话

渡边： 郝瑟先生，要去比赛吗?
卡鲁劳斯： 对。
渡边： 那个球是……?
卡鲁劳斯： 这可是我的宝贝。5年前，参加足球集训时，专业选手送给我的。
渡边： 是吗。
卡鲁劳斯： 每次参加比赛时，我总是带着去。
要是有空儿，来看球赛吧。
渡边： 对不起，今天我得去机场接朋友，所以……。
卡鲁劳斯： 那下次再来看吧。
渡边： 好，一定!

词汇

ほけん	保険	保险
ほけんしょう	保険証	保险证
かしだし	貸し出し	出租、租赁
かしだしカード	貸し出しカード	租赁卡
ビザ		签证
とっきゅう	特急	特急
とっきゅうけん	特急券	特急券
しん〜	新〜	新〜
せいひん	製品	产品
しんせいひん	新製品	新产品
セルフタイマー		自拍装置
フラッシュ		闪光灯
どうが	動画	动画
ひづけ	日付	日期
ガイドブック		旅游指南
りょかん	旅館	旅馆
ストレス		（精神）紧张状态
せいふく	制服	制服
しゃちょう	社長	社长、总经理
はなし	話	说话
ほうこく	報告	报告
ほうこくしょ	報告書	报告书
がっかい	学会	学术会议、学术团体
スケジュール		日程
ちょうさ	調査	调查
アンケートちょうさ	アンケート調査	问卷调查
けっか	結果	结果
ちょうさけっか	調査結果	调查结果
はいしゃ	歯医者	口腔医院、牙科医生
チップ		小费
しょうがくせい	小学生	小学生

みぶんしょうめいしょ	身分証明書	身份证
たからもの	宝物	宝物
がっしゅく	合宿	集训
プロ		职业的、专业的
いる　Ⅰ	要る	需要、要求
いれる　Ⅱ	入れる	开
じゅうでんする　Ⅲ	充電する	充电
やすむ　Ⅰ	休む	请假
かんじる　Ⅱ	感じる	感觉
しゅっせきする　Ⅲ	出席する	出席（聚会等＋に）
さんかする　Ⅲ	参加する	参加（集会等＋に）
—パーセント（％）		百分之—
またこんど	また今度	下次见
よかったら		要是有～的话

げんばくドーム	原爆ドーム	原爆圆顶馆
サミットしゃ	サミット社	高峰公司
うりば	売り場	销售柜台

句型说明

表示时间的表现、义务

1. 手紙を書くとき、辞書を使います。　写信的时候，使用字典。

   ● S1 とき、S2

   1）"とき"是连接两个句子，表示"…的时候"这一意思的名词。

   "とき"之前，和名词修饰一样使用普通形，但な形容词的"だ"要变为"な"、名词的普通形"だ"要变为"の"。

   言葉の意味が分からないとき、辞書を使います。

   不明白单词意思的时候，使用字典。

   寒いとき、セーターを着ます。　冷的时候，穿毛衣。

   暇なとき、遊びに行きましょう。　有空儿的时候，一起去玩儿吧。

   子供のとき、野菜が嫌いでした。　小的时候，不喜欢吃蔬菜。

   2）S1是形容词句、名词句的场合，S2即使是过去形，S1也使用非过去形。

   ×子供だったとき、野菜が嫌いでした。

2. 国へ帰るとき、両親にお土産を買います。
   国へ帰ったとき、両親にお土産をあげます。

   回国的时候，给父母买土特产。

   回国的时候，送父母土特产。

   ● [V dic. / V た] とき、S

   1）S的动作比V的动作先发生时，"とき"之前使用字典形。

   2）V的动作比S的动作先发生时，"とき"之前使用た形。

   "かえるとき"表示的是说话者还没有到自己的国家，在到自己的国家之前买土特产。

   "かえったとき"表示的是说话者到自己的国家之后，把土特产给自己的父母。

   帰るとき　　　　　　　　　　帰ったとき

3. 日本語でレポートを書かなければなりません。　必须用日语写报告。

● V なければなりません

1）是表示不管行为者的意志如何，都必须履行的义务以及行为的必要性的表现。意思是"必须…、得…"。

2）"V なければならないので……"这一形式也可以作为表示谢绝邀请时的理由使用。

3）把ない形的"ない"变为"なければなりません"。

　　かく　　　かかない　→　かかなければなりません
　　あう　　　あわない　→　あわなければなりません
　　くる　　　 こない　 →　 こなければなりません

ご飯、作らなきゃ。　得做饭啦。

"V なきゃ"是"V なければなりません"的缩约形。

　　早く帰らなきゃ。　得早点儿回去啦。

词汇与文化信息

行政機関（ぎょうせいきかん） 行政机关

1. **市役所（しやくしょ）** 市政府

   総合受付窓口（そうごううけつけまどぐち） 综合受理窗口

   証明書自動交付機（しょうめいしょじどうこうふき） 证明自动交付机

   住民票の写し（じゅうみんひょうのうつし） 居民登记的副本

   印鑑登録証明書（いんかんとうろくしょうめいしょ） 印章登记证明

   出生届（しゅっしょうとどけ） 出生申报单　　死亡届（しぼうとどけ） 死亡申报单
   婚姻届（こんいんとどけ） 结婚申报单　　離婚届（りこんとどけ） 离婚申报单
   転出届（てんしゅつとどけ） 迁离申报单　　転入届（てんにゅうとどけ） 迁入申报单

2. **省庁（しょうちょう）** 省厅

   総務省（そうむしょう） 总务省　　法務省（ほうむしょう） 法务省　　外務省（がいむしょう） 外务省
   財務省（ざいむしょう） 财务省　　文部科学省（もんぶかがくしょう） 文部科学省
   厚生労働省（こうせいろうどうしょう） 厚生劳动省　　農林水産省（のうりんすいさんしょう） 农林水产省
   経済産業省（けいざいさんぎょうしょう） 经济产业省　　国土交通省（こくどこうつうしょう） 国土交通省
   環境省（かんきょうしょう） 环境省　　防衛省（ぼうえいしょう） 防卫省

27 从什么时候开始发烧的？

会话

田中： 这里是昂日语学校。
史密斯： 喂，我是玛莉。
田中： 啊，玛莉小姐，你怎么啦？
史密斯： 我发烧了，所以今天想请假，能帮我跟老师说一下吗？
田中： 发烧了？ 那可不太好。从什么时候开始烧的？
史密斯： 从前天傍晚开始的。
田中： 去医院了吗？
史密斯： 没有。我本来想睡一觉就会好的，可一直不见好。
田中： 是吗。今天你可一定要去医院啊。
史密斯： 好，知道了。
田中： 那我替你转告老师吧。保重。

词汇

アレルギー		过敏
かいだん	階段	台阶、楼梯
のど		嗓子
きぶん	気分	身体舒适与否、心情
せき		咳嗽
かいぎ	会議	会议
しゅっちょう	出張	出差
じきゅう	時給	每小时的工资
ウエートレス		女服务员
スーツ		套装、西服
（お）みまい	（お）見舞い	看望
どうそうかい	同窓会	同窗会
れんらくさき	連絡先	联系地点
ポップコーン		爆玉米花
かつどう	活動	活动
カウンセラー		职业咨询人员
げいじゅつ	芸術	艺术
げいじゅつがくぶ	芸術学部	艺术系
アドバイス		忠告、建议
ねつ	熱	发烧、热
ゆうがた	夕方	黄昏、傍晚
ひく［かぜを～］　Ⅰ	引く［風邪を～］	患［感冒］
ころぶ　Ⅰ	転ぶ	跌倒、滑倒
やけどする　Ⅲ		烫伤、烧伤
とまる　Ⅰ	止まる	停止、停车
かよう　Ⅰ	通う	（在两地之间）往返
はんたいする　Ⅲ	反対する	反对
しんぱいする　Ⅲ	心配する	担心
つづける　Ⅱ	続ける	继续
つたえる　Ⅱ	伝える	传达、转告
うらやましい		羡慕

なかなか	（不）轻易、（不）容易、（不）简单（与否定形一起使用）
だから	因为、因此
～が、～。	（用于作为后续句子的序言提示的助词）
それはいけませんね。	那可不太好。（安慰患病和受伤的人时的表现）

けんじ	研二

句型说明

んです

1. | A：どうしたんですか。　　（看到B在咳嗽）A：你是怎么了？
   | B：風邪を引いたんです。　　　　　　　　B：是感冒了。

● S（普通形）んです

1) "んです"在要求进行说明时和说话者在说明自己的情况时经常使用。
   "んです"用于说和听的双方拥有某个共有的信息，如询问就在眼前的对方的情况、听到的消息等，要求其就这一情况加以详细说明的场合以及作为回答就情况加以说明的场合。
   （知道B请假没来上学）
   A：学校を休んだんですか。　是请假没来上学吧？
   B：はい。風邪を引いたんです。　对，是感冒了。
   在这段会话中，A知道B请假没来学校，于是A就这件事向对方提出询问。对此，B就自己"得了感冒"这一情况做了说明。

2) "んです"之前使用普通形，但名词和な形容词的普通形"だ"要变为"な"。
   今日行かないんです。　今天，是不去了。
   高かったんです。　是太贵了。
   暇なんです。　是很闲。
   アレルギーなんです。　是过敏。

3) 对于使用"んです"的疑问句，回答只是简单讲一下事实的话，不用"んです"。在下面这段会话中，B只是回答什么时候回去这件事，所以用"なつやすみです"就可以了。另外，像下面这些回答也可以。
   （知道B要回国）
   A　：いつ国へ帰るんですか。　你是什么时候回国？
   B1：夏休みです。　暑假。
   B2：夏休みに帰ります。　暑假回去。
   B3：夏休みに帰りたいと思っています。　我想暑假回去。
   B4：夏休みに帰らなければなりません。　暑假必须回去。

   "んです"不和"から"一起使用。
   ×時間がないんですから。

2. 来週出張するんですが、いいホテルを教えてください。
   来週出張なんですが、いいホテルを教えてください。
   下星期去出差，你给介绍个好饭店吧。

   ● S1（普通形）んですが、S2

   1）"んですが"有时也作为委托对方做什么，或请求对方的许可，征求对方的意见时的开场白使用。

   2）从S1中所述的情况，可以推想到S2的内容的场合，S2有时会被省略掉。
   ⇒第13课 - ①
   この漢字の読み方がわからないんですが……。
   我不知道这个汉字的读音，……。
   すき焼きを作りたいんですが……。 我想做鸡素烧，……。

3. テレビを見ながらご飯を食べます。 一边看电视一边吃饭。

   ● V1 ながら V2

   1）表示同一个人在进行V2的动作的同时，也在进行V1的动作。
   时态用最后的动词（V2）表示。

   2）不仅是当时的动作，也可以表示在一段时间内持续的动作。
   アルバイトをしながら学校に通っています。 一边打工一边上学。

   3）把ます形的"ます"变为"ながら"而成。
   みます → みながら
   します → しながら

① 何を着たらいいですか。　穿什么好？
"疑问词＋Ｖたらいいですか"是征求对方意见的表现。
どうしたらいいですか。　怎么办好？

② 黒いスーツを着たらどうですか。　穿黑西服怎么样？
"Ｖたらどうですか"是建议听者做某一动作的表现。
向上司或长辈建议时不用这一表现，而用"Ｖたらいかがですか"。

③ 同窓会に出席していただけませんか。　不知您能否出席同窗会。
"Ｖていただけませんか"是礼貌地委托对方做什么的表现。

④ カウンセラーはどうして両親が反対していると思っていますか。
咨询人员为什么会认为父母反对？
"とおもっています"用于叙述第三者的思考内容时。
另外，也用于说话者在叙述过去到现在一直抱有的意见或者推测时。
　　クラスのみんなはわたしがいちばん早く結婚すると思っています。
　　班里的同学都认为我会最早结婚。
　　わたしはアルバイトをしながら音楽の活動をしたいと思っています。
　　我想一边打工，一边进行音乐活动。
"とおもいます"是说话者阐述自己的意见、推测等时使用的表现。
⇒第19课-**2**

① どこへ行くの？　去哪儿？
在比较随便的会话中，"んですか"变为"の？"、不用加表示疑问的句尾助词"か"。"の？"的发音为升调。

② うらやましいなあ。　好羡慕啊！
"なあ"是表示说话者感觉到事情以及受到感动的心情的助词。
"なあ"之前使用普通形。因为是比较随便的会话表现，所以在和上司、长辈讲话时不用。

词汇与文化信息

薬と診療科　药与诊疗科

1. 薬袋　药袋

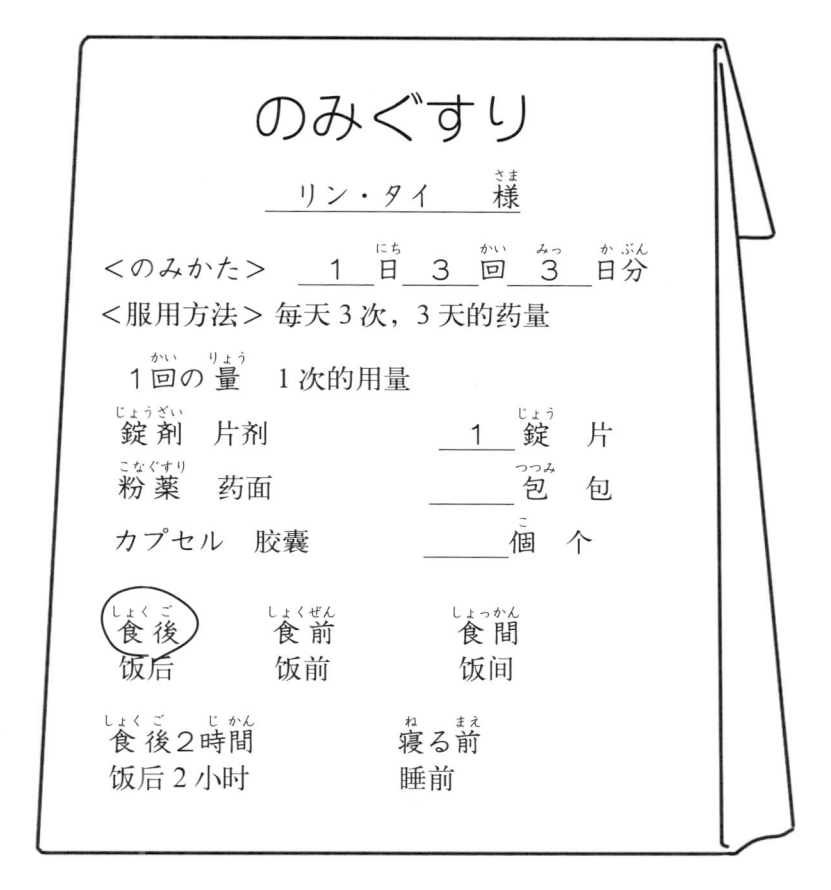

のみぐすり

リン・タイ　様

＜のみかた＞　__1__日　__3__回　__3__日分
＜服用方法＞　每天3次，3天的药量

1回の量　1次的用量

錠剤　片剤　　　　__1__錠　片
粉薬　药面　　　　___包　包
カプセル　胶囊　　___個　个

（食後）食后　　食前　饭前　　食間　饭间

食後2時間　　　寝る前
饭后2小时　　　睡前

2. 薬の種類　药的种类

飲み薬　内服药　　塗り薬　涂剂　　はり薬　贴剂
うがい薬　漱口剂　　風邪薬　感冒药　　胃薬　胃药
目薬　眼药　　痛み止め　止痛药

3. 診療科　医院科室

内科　内科　　小児科　小儿科　　外科　外科
整形外科　整形外科　　皮膚科　皮肤科　　歯科　牙科
耳鼻科　耳鼻科　　眼科　眼科　　産婦人科　妇产科

まとめ5

词汇

アイスクリーム		冰激凌
パスポート		护照
せいのう	性能	性能
ガラス		玻璃
プラスチック		塑料
きおん	気温	气温
あまぐ	雨具	雨具
～ばあい	～場合	～的场合
としをとる Ⅰ	年を取る	长岁数
たのしむ Ⅰ	楽しむ	愉快、期待
きをつける Ⅱ	気をつける	小心、留神
かわる Ⅰ	変わる	变
おりる Ⅱ	下りる	下来
くるしい	苦しい	苦
—ど（℃）	—度	—度
だんだん		渐渐
はっきり		清楚
ゆっくり		慢慢地
じゅうぶん	十分	充分
しかし		但是
また		又、同时、而且

28 天空中有星星

会话

马勒： 真安静啊！有波涛声。
史密斯： 也有风声。你看，天空中有许多星星。
马勒： 玛莉小姐，你往那边看。
史密斯： 啊，我看见船了。还有很多灯呢。
马勒： 那是在捕墨鱼呢。
史密斯： 船上的灯在轻轻地晃动。好浪漫啊！
马勒： 我们再走一走吧？
史密斯： 好。

词汇

28

むし	虫	虫子
かぎ		钥匙
カーテン		窗帘
ひきだし	引き出し	抽屉
きんこ	金庫	保险柜
ゆか	床	地板
かびん	花瓶	花瓶
しょるい	書類	文件
かいちゅうでんとう	懐中電灯	手电筒
でんち	電池	电池
あな	穴	洞
ふくろ	袋	袋子
もうふ	毛布	毛毯
ニュース		新闻
ボーナス		奖金
あじ	味	味道
におい		气味
かぜ	風	风
おと	音	声音
でんせん	電線	电线
つなみ	津波	海啸
じょうほう	情報	信息
しぜん	自然	自然
さいがい	災害	灾害
なみ	波	波浪、波涛
そら	空	天空
ほし	星	星星
いか		墨鱼
さいきん	最近	最近
たおれる Ⅱ	倒れる	倒
しまる Ⅰ	閉まる	关闭、（商店等）休息

やぶれる　II	破れる	破损
かかる[かぎが～]　I		上着[锁]
ぬれる　II		被淋湿
かわく*　I	乾く	干
おちる　II	落ちる	坠落
おれる　II	折れる	折叠
きれる　II	切れる	用完、切断
よごれる　II	汚れる	脏
できる　II		做好、完成
にこにこする　III		笑嘻嘻
まぜる　II	混ぜる	搀和、混合
ふむ　I	踏む	踏、踩
のばす　I	延ばす	放长、拉长
たたむ　I	畳む	叠
する　III		感觉到、有～的感觉（表示五官所感之现象）
とおる　I	通る	通过
キャッチする　III		捕捉、接收
こまる　I	困る	为难、困难
ゆれる　II	揺れる	摇晃
くわしい	詳しい	详细
うすい	薄い	薄
あつい*	厚い	厚
ほそい	細い	细
ふとい*	太い	粗
ていねい[な]	丁寧[な]	礼貌、好好地（搅拌）
へん[な]	変[な]	异常、怪
せいかく[な]	正確[な]	正确
ロマンチック[な]		浪漫
さっき		刚才
できるだけ		尽可能地、尽量

ですから	因为、因此（"だから"的礼貌说法）
ほら	瞧（唤起对方注意时发出的声音）
～によると	根据～
だからなんですね。	怪不得。
これでいいですか。	这样可以吗？

句型说明

状态 1、传闻

1. 自転車が倒れています。　自行车倒着呢。

   ● N が V ています

   1) "V ています"表示作为某一动作、作用的结果的状态。经常用于就眼前看到的状态加以说明、或者刚刚察觉到这一状态时。
      "じてんしゃがたおれています"表示自行车倒下了，并且这一状态一直延续至今。
   2) 这一表现使用的动词是"たおれる""とまる"等自动词（不及物动词），表示瞬间变化的动词。
   3) 主语用"が"来表示。

   以前学过的"V ています"用法有以下几种。
   キムさんは今漢字を書いています。　金小姐正在写汉字。⇒第15课
   ナルコさんは結婚しています。　纳鲁克先生结婚了。⇒第16课
   ナルコさんは大学で働いています。　纳鲁克先生在大学工作。⇒第16课

2. 新聞で読んだんですが、新しい空港ができるそうです。
   是在报上看到的，听说要建新机场。

   ● S（普通形）そうです

   1) 原封不动地把看到的、听到的信息加以传达的表现。
      在会话句中，"～んですが"作为信息的出处，以开场白的形式使用的时候比较多。
   2) "そうです"之前使用普通形。
      50年前ここは海だったそうです。　听说50年前这里是大海。
      ゆり大学の入学試験はとても難しいそうです。
      听说百合大学的入学考试很难。
      今週の会議はないそうです。　听说这周没有会。

3. 字を大きく 書いてください。　请把字写大点儿。
　　字をきれいに書いてください。　请把字写整齐点儿。

● ［いA く／なA に］ V

形容词修饰动词时，像下面这样变为副词使用。

　　いA： おおきい → おおきく
　　　　　ちいさい → ちいさく
　　　　　＊いい → よく
　　なA： きれい → きれいに
　　　　　しずか → しずかに

　　あとで詳しく説明します。　过后再详细说明。
　　病院では静かに歩いてください。　在医院，请轻轻地走。

4. この牛乳は変な味がします。　这牛奶味道有点儿怪。

● N(味道/气味/声音) がします

是对味道、气味、声音感到、察觉到的表现。

···

① もう少し歩きましょうか。　再走一会儿吧。
　1）"ましょうか"是说话者邀请听话者一起做，或催促其做的表现。意思是"…吧"。
　2）是把ます形的"ます"变为"ましょうか"而成。
　　　あるきます → あるきましょうか
　　　やすみます → やすみましょうか

② 台風で橋が壊れました。　由于台风，桥倒塌了。
　"で"是表示原因的助词。与表示自然灾害、事故等的名词一起使用。

③ 調査によると、毎日小さい地震が起きているそうです。
　据调查，听说每天都有小地震发生。
　"Nによると"表示信息的出处。意思是"据…"。是较之"よんだんですが…""きいたんですが…"更为正式的表现。

他动词和自动词（及物动词和不及物动词）

1）带有对象语的动词叫做他动词(Vt.)，不带对象语的动词叫做自动词(Vi.)。

　　テレビを見ます。　　看电视。　　　　他动词
　　ドアを開けます。　　开门。　　　　　他动词
　　銀行があります。　　有银行。　　　　自动词
　　ドアが開きます。　　门开了。　　　　自动词

2）他动词用于把焦点对准动作发动者的行为加以述说时。自动词则用于把着眼点放在行为的结果、变化上进行述说。

　　　　ドアを開けます。(Vt.)　　　　ドアが開きます。(Vi.)

3）自动词中有些有着与其相对应的他动词。（⇒主教材 P.136）

　　"V ています"在他动词和自动词时意思分别如下：

　　Vt.：ドアを閉めています。　　把门关上了。
　　Vi.：ドアが閉まっています。　　门关着呢。

4）"いく""くる""かえる""およぐ""あるく""はしる"等是表示动作发动者的意志行为的自动词。

词汇与文化信息

28

災害　灾害

1. 自然災害　自然灾害

台風・ハリケーン・サイクロン
台风、飓风、旋风

地震
地震

津波
海啸

噴火
（火山）喷发

山火事
山火

雪崩
雪崩

竜巻
龙卷风

洪水
洪水

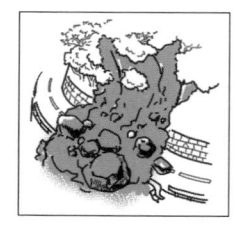

土砂崩れ
土砂崩溃

2. 防災セット　家庭常备防灾应急用品　　防災リュック　防灾背包

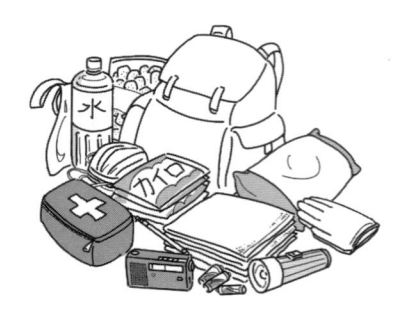

水　水　　薬　药　　タオル　毛巾

まくら　枕头　　手袋　手套　　マスク　口罩

カイロ　怀炉　　電池　电池

ビニール袋　塑料袋　　懐中電灯　手电筒

ラジオ　收音机　　非常食　应急食品

29 那是个责任重大的工作,而且可以积累新的经验……

会话

史密斯: 哎呀,野口先生,在搬家吗?
野口: 对,已经决定调我去福冈工作了。
史密斯: 欸,真的吗?好突然啊。
野口: 嗯。福冈成立了分店,决定调我去。
史密斯: 是吗。
野口: 那是个责任重大的工作,而且又可以积累新的经验……。
史密斯: 是吗。那可太寂寞了。
野口: 和学校的同学一起来玩儿吧。5个人左右的话,可以住在我那儿。
史密斯: 欸?
野口: 我决定租套虽然旧一些,但比较宽敞的房子。
史密斯: 是吗。谢谢。

词汇

みどり	緑	绿色，绿树绿草
がくしょく	学食	学生食堂（"がくせいしょくどう"的简称）
ねだん	値段	价钱
りょう	量	量
メニュー		菜单
えいよう	栄養	营养
バランス		平衡
メモ		记录、笔记
とかい	都会	城市
いなか	田舎	乡下
がいしょく	外食	在外面吃饭
じすい	自炊	自己做饭
しゅうしょく	就職	就职
こうこく	広告	广告
してん	支店	分店
システム		体系、系统
しんにゅう〜	新入〜	新进来的〜
しゃいん	社員	职工
しんにゅうしゃいん	新入社員	新职工
せんもん	専門	专业、专门
けんしゅう	研修	进修
フレックスタイム		弹性工作时间
せきにん	責任	责任
えいぎょうする Ⅲ	営業する	搞营业
きがつく Ⅰ	気がつく	细心、注意到、察觉
とめる Ⅱ	泊める	留宿
たいそうする Ⅲ	体操する	做体操
きまる Ⅰ	決まる	决定

だす　Ⅰ	出す	刊登（报纸等＋に）（广告等＋を）
かいはつする　Ⅲ	開発する	研制
かえる　Ⅱ	変える	改变、变
ぼしゅうする　Ⅲ	募集する	募集
てんきんする　Ⅲ	転勤する	调动工作
あかるい	明るい	爽朗、明朗
がまんづよい	我慢強い	忍耐力强
ほうふ［な］	豊富［な］	丰富
きれいずき［な］	きれい好き［な］	爱干净
かっぱつ［な］	活発［な］	活泼
あんぜん［な］	安全［な］	安全
じゆう［な］	自由［な］	自由、随意、不受拘束
きゅう［な］	急［な］	突然
いっしょうけんめい	一生懸命	努力
ずいぶん		相当、非常
～けど、～。		～，但是～。（用于比较轻松的会话）
すばるでんき	すばる電気	昴电气
みどりでんき	みどり電気	绿电气
サミットでんき	サミット電気	高峰电气

句型说明

并列、决定

29

1. ここは静かだし、人が親切だし、いい町です。

    这里既安静，人又热情，是个挺不错的城镇。

    ● S（普通形）し、～

    1）把同类的评价内容并列起来加以述说，表示还有其他这种情绪。

    この会社は給料が安いし、残業が多いし、休みが少ないです。

    这个公司工资便宜、加班很多、休息很少。

    Aさんは、まじめだし、明るいし、それに話が上手です。

    A先生既认真、又开朗、而且会说话。

    "Sし"的数量不受限制。

    みどり大学の学食は安いし、おいしいです。

    绿大学的学生食堂既便宜又好吃。

    2）句子的最后接续有表示判断、结论的句子时，"Sし"则表示所以能做出判断的根据以及理由等，并暗示还有其他的理由和根据。

    另外，也有的时候，不明确讲结论，而只以"Sし"加以结束。

    バスが来ないし、タクシーで行きました。

    公共汽车也不来，是坐出租车去的。

    みどり大学を受けたいです。有名な先生がいるし……。

    我想考绿大学。那里既有很有名的老师，而且……

    3）因为是把同类评价加以并列的表现，所以有时表示主格的助词也用"も"。

    この仕事は給料も安いし、残業も多いし、早く辞めたいです。

    这个工作工资既低，加班又多，真想早点儿辞掉。

2. わたしは今日からジョギングをすることにしました。
    わたしは今日からお酒を飲まないことにしました。

    我决定从今天开始进行慢跑。

    我决定从今天开始戒酒。

    ● ［V dic.］ことにしました
    　　［V ない］

    1）"ことにしました"是表示决定内容时使用的表现。

    2）这一表现用于即使还没有实际行动，但已经决定了的事情。

    わたしは来月帰国することにしました。　我决定下个月回国。

3. 来週の会議は2階の会議室ですることになりました。
来週の会議はしない　　　　　　ことになりました。

下星期的会决定在2楼的会议室开。
下星期的会决定不开了。

● ⎡ V dic. ⎤ ことになりました
　⎣ V ない ⎦

"ことになりました"是表示不是由自己的意志决定的，而是大家一起商量、或受他人之命决定下来的事情时所使用的表现。

4. 山田さんは来週ドイツへ出張することになっています。
うちの会社では水曜日残業しない　ことになっています。

决定让山田先生下星期去德国出差。
在我们公司规定星期三不加班。

● ⎡ V dic. ⎤ ことになっています
　⎣ V ない ⎦

"ことになっています"表示已经决定的计划、组织的规章及习惯的内容。

---

① この仕事は責任のある仕事です。　这工作是项责任重大的工作。
表示名词修饰部分主语的"が"，有时也可以用"の"来代替。

② 古いけど、広いうちを借りた。　租了一套虽然旧一些，但比较宽敞的房子。
"けど"是接续助词，在会话中使用。意思是"但是"。

👥 福岡へ転勤することになったんだ。
决定调我去福冈工作了。
"んだ"是"んです"的普通形。

词汇与文化信息

求人情報（きゅうじんじょうほう） 招聘信息

すばる電気（でんき） 昴电气
正社員 募集（せいしゃいん ぼしゅう） 招聘正式职工

職種（しょくしゅ） 工种：事務（じむ） 事务

給与（きゅうよ） 工资：20万円（まんえん）／月（つき） 20万日元／月

勤務時間（きんむじかん） 工作时间：9:00-17:00　昼休み（ひるやすみ） 午休：12:00～13:00

週休2日（しゅうきゅうふつか） 周休2日　有休（ゆうきゅう） 帯薪休假：年10日（ねんとおか） 1年10天

賞与（しょうよ） 奖金：年2回（ねんかい） 1年2次

※交通費支給（こうつうひしきゅう） 支付交通费

※社会保険完備（しゃかいほけんかんび） 社会保险一应俱全

※経験不問（けいけんふもん） 经验有无不问

※履歴書（りれきしょ）（写真添付（しゃしんてんぷ））郵送（ゆうそう） 履历表（贴有照片）邮寄

スバルスーパー
パート・アルバイト募集（ぼしゅう）
昴超市
招聘小时工、临时工

職種（しょくしゅ） 工种：レジ係（がかり） 收款员

時給（じきゅう）：850円～1,000円（えん）

每小时工资：850日元～1,000日元

交通費支給（こうつうひしきゅう）（1,000円（えん）まで）

支付交通费（上限1,000日元）

勤務時間（きんむじかん）・曜日（ようび）：応相談（おうそうだん）

工作时间、星期：可商议

30 我想上制作糕点的专门学校

会话

田中： 金小姐毕业以后是怎么考虑的?

金： 我想上制作糕点的专门学校。
因为将来回国后，想开一家自己的店。

田中： 自己的店吗?

金： 对，用上好的材料，制作美味的蛋糕。

田中： 想法不错嘛。林先生呢?

林： 我想回国后开一家旅行社。

田中： 金小姐、林先生都对自己的将来做了认真的考虑。
努力去实现你们的理想吧。

词汇

よてい	予定	预定
いぬごや	犬小屋	狗窝
うさぎ		兔子
はなたば	花束	花束
ぼうえんきょう	望遠鏡	望远镜
けんこう	健康	健康
かんけい	関係	关系
にんげんかんけい	人間関係	人际关系
あいさつ		问候、寒暄
かいがい	海外	海外
さばく	砂漠	沙漠
いど	井戸	水井
ひょうご	標語	标语、口号
じぶん	自分	自己
～ご	～後	～后
そつぎょうご	卒業後	毕业后
ためる Ⅱ		攒、积累
こくはくする Ⅲ	告白する	坦白
うえる Ⅱ	植える	种植
ほる Ⅰ	掘る	挖
たてる Ⅱ	建てる	建筑
あたためる Ⅱ	温める	热（菜、饭等）
まもる Ⅰ	守る	遵守、保护
じつげんする Ⅲ	実現する	实现
おく	億	亿
もっと		更
～ために、～		为了～，～

| いこうけい | 意向形 | 意向形 |
| ＡＴＭ(エーティーエム) | | 自动柜员机 |

30

句型说明

意向形、目的 1

1. 意向形

    1）在本课中学习表示说话者意志的意向形。

    意志形的作成方法如下：

    Ⅰ型：把字典形最后的音节"-u"变为"-oう"。

    Ⅱ型：把字典形的"る"变为"よう"。

    Ⅲ型："くる→こよう"、"する→しよう"

	V dic.	V（意向形）			V dic.	V（意向形）	
Ⅰ	かう かく いそぐ はなす まつ しぬ あそぶ よむ かえる	かおう かこう いそごう はなそう まとう しのう あそぼう よもう かえろう	う→お く→こ ぐ→ご す→そ つ→と ぬ→の ぶ→ぼ む→も る→ろ	う	Ⅱ	たべる ねる おきる かりる	たべよう ねよう おきよう かりよう	る→よう
					Ⅲ	くる する	こよう しよう	

    2）意向形是"Vましょう"的简体。在简体的会话中使用。

    另外也在标语口号中使用。

    ごみはごみ箱に捨てよう！　垃圾要扔在垃圾箱里！

2. わたしは冬休み北海道へ行こうと思っています。　我寒假想去北海道。

    ● V（意向形）と思っています

    1）说话者讲述自己将来想做的事情的意志表现。

    想的内容以表示引用的助词"と"来表示。

2) "V(意向形)とおもっています"和"V(意向形)とおもいます"一样使用。不过，"V(意向形)とおもっています"可以表示第三者的意志,而"V(意向形)とおもいます"只能表示说话者的意志。⇒第27课 – ④
○山田さんは会社を辞めようと思っています。
　　山田先生想辞去公司的工作。
×山田さんは会社を辞めようと思います。

3. | レポートを書くために、資料を集めています。
　 | 発表の　　　ために、資料を集めています。

为了写报告，正在收集资料。

为了发表，正在收集资料。

● ⎡ V dic. ⎤ ために、S
　 ⎣ Nの　 ⎦

1) 表示目的的表现,意思是"为了实现V、N这一目的,而进行S"。"ために"之前的V或N表示的是说话者意志所行的目的。V多使用"意志动词"。不能使用可能形等。

2) 名词为人或组织的场合,有着"以（N）的利益、恩惠为目标"之意。意思是"为了"。
　 家族のために、働いています。　为了家里人工作。

ラーメン、食べようか。　吃拉面吧。

"Vましょうか"的普通形是"V(意向形)か"。

　　　　ラーメン、食べましょうか。 → ラーメン、食べようか。
　　　　　　　　　　　　　　　　　　　　吃拉面吧。（劝诱）
　　　　手伝いましょうか。　　　　 → 手伝おうか。　我来帮忙吧。（申请）

词汇与文化信息

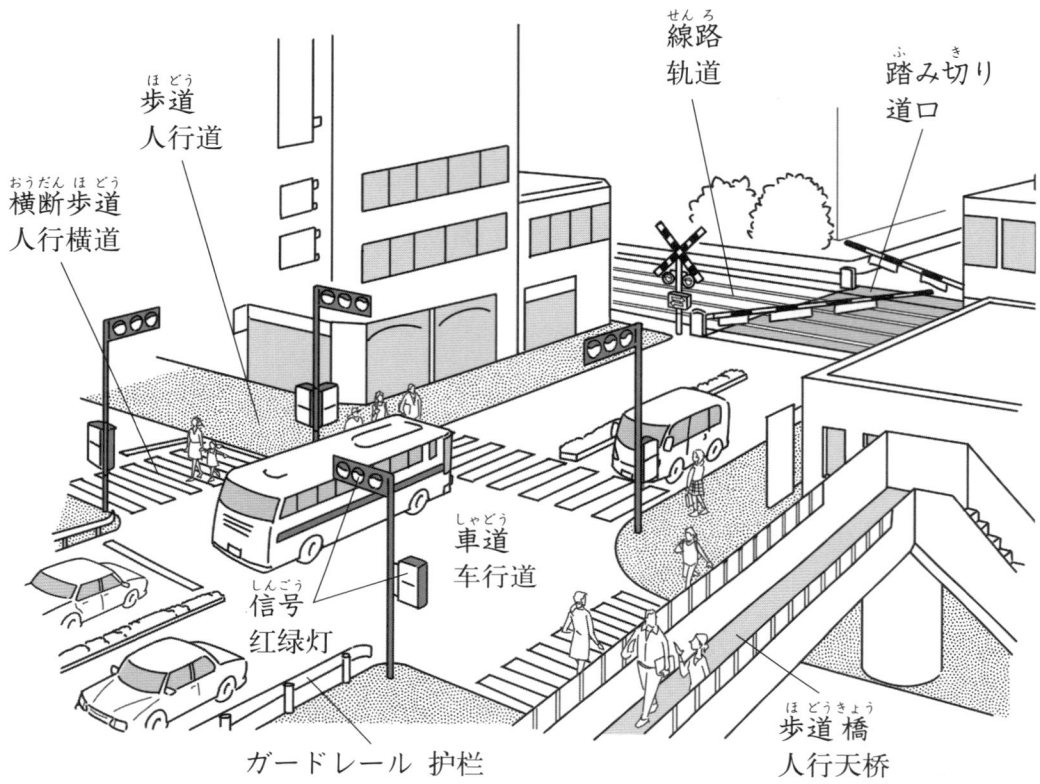

交通（こうつう）と標語（ひょうご）　交通与交通口号

1. 道路（どうろ）・交通（こうつう）　道路、交通

- 線路（せんろ）　轨道
- 踏（ふ）み切（き）り　道口
- 歩道（ほどう）　人行道
- 横断歩道（おうだんほどう）　人行横道
- 信号（しんごう）　红绿灯
- 車道（しゃどう）　车行道
- ガードレール　护栏
- 歩道橋（ほどうきょう）　人行天桥

2. 安全（あんぜん）のための標語（ひょうご）　交通安全口号

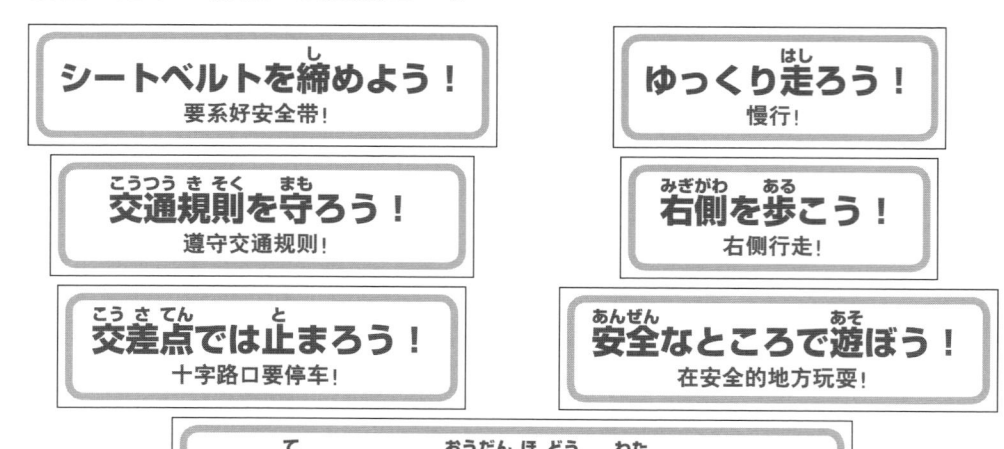

- シートベルトを締（し）めよう！　要系好安全带！
- ゆっくり走（はし）ろう！　慢行！
- 交通規則（こうつうきそく）を守（まも）ろう！　遵守交通规则！
- 右側（みぎがわ）を歩（ある）こう！　右侧行走！
- 交差点（こうさてん）では止（と）まろう！　十字路口要停车！
- 安全（あんぜん）なところで遊（あそ）ぼう！　在安全的地方玩耍！
- 手（て）をあげて横断歩道（おうだんほどう）を渡（わた）ろう！　举手过人行横道！

31 明天之前帮你看好

会话

铃木：澎先生已经决定要考的大学了吗?
差猜：对，我想考百合大学和绿大学。
铃木：毕业证书和成绩证明呢?
差猜：我委托高中了，应该快寄到了。
　　　那个……。
铃木：什么事儿?
差猜：我写了份申请书，能不能帮我看一下。
铃木：噢，可以啊。明天之前帮你看好。
差猜：谢谢，拜托了。

词汇

くつした	靴下	袜子
ホワイトボード		白板
プラグ		电线插头
かべ	壁	墙
ざぶとん	座布団	座垫
ひじょうぐち	非常口	太平门、安全出口
あんない	案内	介绍、向导
ひょう	表	表格
スケジュールひょう	スケジュール表	日程表
スクリーン		银幕、屏幕
ちゃいろ	茶色	茶色
エーよん　A４		A4尺寸
マラソン		马拉松
しみんマラソン	市民マラソン	市民马拉松
いいんかい	委員会	委员会
じゅんびいいんかい	準備委員会	筹备委员会
たいかい	大会	大会
マラソンたいかい	マラソン大会	马拉松比赛大会
とどけ	届け	（提交政府机关等的）报告、申请
コース		路线
がいこく	外国	外国
ポスター		海报、招贴画
ランナー		赛跑运动员
せいこう	成功	成功
しょうめいしょ	証明書	证明书
そつぎょうしょうめいしょ	卒業証明書	毕业证书
がんしょ	願書	申请书
まわり	周り	周围
かたづける　Ⅱ	片付ける	收拾
ひやす　Ⅰ	冷やす	冰镇、弄凉

かざる　I	飾る	装饰
しまう　I		收拾起来
かくす　I	隠す	藏
けす　I	消す	擦掉、消除
しめる　II	閉める	关
かける［かぎを～］　II		上［锁］
そのままにする　III		照原样、原封不动
だす　I	出す	拿出来
はる　I	張る	贴（物1＋に）（物2＋を）
かける　II	掛ける	挂（场所＋に）（物＋を）
じゅけんする　III	受験する	应试、报考
あぶない	危ない	不好、有碍于身心健康
ふくざつ［な］	複雑［な］	复杂
いよいよ		终于
そのほかに		其他
けっこうです。	結構です。	不要。（用于有礼貌地表示拒绝时）
どうなっていますか。		怎么样了？

B４（ビー） 　　　　　　　　　　B4 尺寸

句型说明

准备、状态 2

1. 旅行に行くまえに、ガイドブックを読んでおきます。

   去旅行之前，预先看一下导游手册。

   ● V ておきます

   1) 是表示为了后面要发生的事情，事先进行的某种准备（V）的表现。
   2) 有时也表示采取必要行为，以备下次使用之意。

   会議が終わったら、机を片付けておきます。

   会议结束之后，先把桌子收拾好。

2. 窓を開けておきます。　把窗户开着。

   ● V ておきます

   "V ておきます"也用于表示维持原样，不改变 V 的现有状态时。因文脉及状况等的不同，有时是准备的意思，有时是放置不管的意思。

   A：窓を閉めましょうか。　把窗户关上吧？
   B：いいえ、開けておいてください／そのままにしておいてください。

   　　别关，开着吧。／就那么开着吧。

3. 壁に地図が張ってあります。　墙上贴着地图。

   ● N が V てあります

   1) 带有他动词，是表示 N 现在所处状态的表现。与 "V ています" 很相似，但 "V てあります" 所表示的是因某种目的和理由，人们有意识地去作成了现在这种状态。⇒第 28 课

   A：あ、窓が開いていますよ。閉めましょうか。

   　　啊，窗户开着呢，把它关上吧？
   B：今から掃除するので、開けてあるんですよ。

   　　因为马上要扫除，所以开着的。

   2) 另外也有表示准备情况的意思。

   A：通訳は頼んでありますか。　委托翻译了吗？
   B：はい、もう頼んであります。　对，已经委托有翻译了。

4. ゆうべお酒を飲みすぎました。　昨晩喝酒喝多了。

● $\begin{bmatrix} V \\ いAい \\ なA \end{bmatrix}$ すぎます

1）"すぎます"接在动词之后的场合，表示由于那一行为过度而感到不妥。意思是"过度"。把"ます"变为"すぎます"而成。

のみます → のみすぎます
たべます → たべすぎます

2）"すぎます"接在形容词之后的场合，表示现在的状态超出了通常的范围，因而不适当。意思是"太…"。

この問題は難しすぎます。　这个问题太难了。
この問題は複雑すぎます。　这个问题太复杂了。

い形容词把"い"变为"すぎます"。な形容词在其后加上"すぎます"。

いA：ちいさい → ちいさすぎます
　　 ながい → ながすぎます
なA：ふくざつ → ふくざつすぎます

3）"すぎます"作为Ⅱ型动词发生语尾变化。

勉強しすぎて、頭が痛いです。　学过头了，头疼。

5. 髪を短くします。　把头发剪短了。

● $\begin{bmatrix} いAく \\ なAに \\ Nに \end{bmatrix}$ します

1）表示变化的表现，表示有意识地让成为对象的事物发生变化。

2）い形容词把"い"变为"く"。な形容词和名词在词尾加"に"之后接"します"。

髪をきれいにします。　把头发弄漂亮。
髪を茶色にします。　把头发染成茶色。

いA：みじかい → みじかく
　　 *いい → よく
なA：きれい → きれいに
N ：ちゃいろ → ちゃいろに
$\left.\begin{matrix}\\\\\\\\\end{matrix}\right\}$ します

词汇与文化信息

美容院（びよういん）・理髪店（りはつてん） 美容院、理发店

1. メニュー　服务项目

Menu
- パーマ　烫发
- カット　剪发
- シャンプー　洗发
- ブロー　吹风
- セット　做发型
- トリートメント　美发护发
- ヘアカラー　染发

2. 役（やく）に立（た）つ表現（ひょうげん）　实用表现

まゆの上（うえ）でそろえてください。
请剪到眉毛上边。

まゆが隠（かく）れるくらいにしてください。
请剪到能盖住眉毛。

段（だん）をつけてください。
请分一下层。

耳（みみ）を出（だ）してください。
请露出耳朵来。

すいてください。
请削薄点儿。

後（うし）ろを刈（か）り上（あ）げてください。
请把后边的头发推短。

このヘアスタイルにしてください。
请按这个发型做。

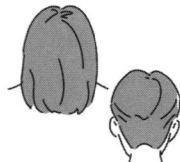

3. ヘアスタイル　发型

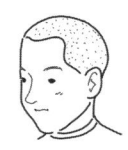

丸刈（まるが）り
剃光头

スポーツ刈（が）り
运动头

五分刈（ごぶが）り
平头

32 苹果不削皮的好

会话

渡边： 汤姆先生，来杯茶什么的怎么样?
乔丹： 谢谢。那就来一杯吧。
　　　 哇，这么大的苹果呀!
渡边： 对，是妈妈给我寄来的。
乔丹： 是吗? 欸，渡边小姐削皮吃吗?
渡边： 对，汤姆不削皮吃吗?
乔丹： 对。苹果的皮是既好吃，又有营养的啊。
　　　 所以不削皮的好。
渡边： 那，我们就不削皮吃吧。

词汇

よぼう	予防	预防
よぼうちゅうしゃ	予防注射	预防针
マスク		口罩
うがい		漱口
ビタミンC		维生素C
よふかし	夜更かし	熬夜、开夜车
まいご	迷子	迷路的孩子
ローラースケート		旱冰鞋
サングラス		墨镜
おめん	お面	能面、面具
きぼう	希望	希望
ほうちょう	包丁	菜刀
かわ	皮	皮
ケチャップ		番茄沙司
けいかく	計画	计划
あん	案	方案
けいかくあん	計画案	计划方案
あそび	遊び	玩儿
ボールあそび	ボール遊び	玩儿球
きっさてん	喫茶店	咖啡馆
ご～		（表示礼貌和敬意的接头词。主要用于来自中国的词汇前）
（ご）いけん	（ご）意見	意见
お～*		（表示礼貌和敬意的接头词。主要用于日本原有词汇前）
みらい	未来	未来
きょうみ	興味	兴趣
はやる Ⅰ		流行
とる Ⅰ	取る	摄取

つける Ⅱ		穿在身上、佩戴、蘸
むく Ⅰ		剥、削
きんしする Ⅲ	禁止する	禁止
あたる Ⅰ	当たる	碰撞（人、物1＋に）（物2＋が）
とぶ Ⅰ	飛ぶ	飞（天空＋を）
いただく Ⅰ	頂く	吃、喝、领受（"たべる""のむ""もらう"的自谦语）
ゆっくり		舒适、安闲
—はい／ばい／ぱい	—杯	—杯（数装入杯子等容器的饮料时的量词）
〜でも		〜什么的
〜をおねがいします。	〜をお願いします。	〜拜托了。

句型说明

建议、推量1、附带状况

1. | ゆっくり休んだ　　ほうがいいです。 | 还是充分休息为好。
   | あまり無理をしないほうがいいです。 | 还是别太勉强为好。

   ● [V た / V ない] ほうがいいです

   1) 向对方提出建议、忠告等时的表现。这一表现含有如果不遵从提出的建议、忠告的话，将会出现问题这种含蓄的暗示。
   句尾多带有终助词"よ"。
   インフルエンザがはやっていますから、予防注射をしたほうがいいですよ。
   现在流感正流行，所以还是打预防针为好。

   2) 这种表现有的场合会给人强加于人的印象，所以对上司、长辈不用。使用的时候要多加注意。

2. | 今晩雪が降るかもしれません。 | 今晚也许会下雪。

   ● S（普通形）かもしれません

   1) 是对将来的事情、不太确实的事情，推测或许会成为这样，或者有着成为这样的可能性的表现。意思是"也许"。

   2) "かもしれません"之前使用普通形。但な形容词和名词时，要省略"だ"。
   な A：この仕事は大変かもしれません。　这件工作也许相当费劲。
   N　：あの2人は恋人かもしれません。　那两个人也许是恋人。

3. 手袋をして　スケートをします。　　带着手套滑冰。
　　辞書を見ないで読んでください。　　请别查字典看。

● [V1 て] V2
　 [V1 ないで]

在 V1 就 V2 是在什么样的状态下进行的加以说明。可以把 V1 作为主要动作 V2 的附带动作来考虑。V1 和 V2 动作的主体是同一个。

① お茶でもいかがですか。　来杯茶什么的怎么样？
"N でも"是把 N 作为例子提出，表示除此之外还有其他的选择。

"お" "ご"
在名词之前加"お"或者"ご"，表示礼貌和敬意。是加"お"，还是加"ご"，这是根据词汇来决定的。就大多数的情况来说，原来是日语词汇的加"お"、从中国来的词汇加"ご"。
　お国、お名前
　ご家族、ご住所、ご注文、ご意見

词汇与文化信息

健康診断（けんこうしんだん）と病気（びょうき）　体检与疾病

1. 基本的（きほんてき）な検査項目（けんさこうもく）　基本的体检项目

- 視力検査（しりょくけんさ）　测视力
- 血圧測定（けつあつそくてい）　量血压
- 尿検査（にょうけんさ）　验尿
- 聴力検査（ちょうりょくけんさ）　测听力
- 血液検査（けつえきけんさ）　验血
- 心電図検査（しんでんずけんさ）　心电图检查
- 身長計測（しんちょうけいそく）　测身高
- 体重計測（たいじゅうけいそく）　测体重
- 胸部X線検査（きょうぶエックスせんけんさ）　胸部X光透视
- 診察（しんさつ）　诊察

2. 病気（びょうき）・けが　疾病、受伤

- インフルエンザ　流感
- 風邪（かぜ）　感冒
- がん　癌症
- 糖尿病（とうにょうびょう）　糖尿病
- 心臓病（しんぞうびょう）　心脏病
- 結核（けっかく）　结核
- ぜんそく　哮喘
- 食中毒（しょくちゅうどく）　食物中毒
- ねんざ　扭伤
- 骨折（こっせつ）　骨折
- やけど　烧伤、烫伤
- アトピー　特（异反）应性
- 花粉症（かふんしょう）　花粉症

まとめ 6

词汇

おばけ	お化け	妖魔鬼怪
かいてんずし	回転ずし	回转寿司店
（お）きゃく（さん）	（お）客（さん）	顾客、客人
きんいろ	金色	金色
ひかる　I	光る	发光
まわる　I	回る	转圈儿、转
のせる　II	載せる	放上、装载
かかる　I	掛かる	挂
えらぶ　I	選ぶ	选
—さら	—皿	—盘（数装在盘子里的菜时的量词）

33 如果有车的话，就方便了

会话

渡边： 你要买车吗？
卡鲁劳斯： 对，因为如果有车的话，既可以开车去兜风，又可以搬运大行李。
渡边： 是呀。如果有车的话，就方便了。
卡鲁劳斯： 二手车的话，还买得起。不过……。
二手车也不会有问题吧？
渡边： 对。如果是用得比较仔细的车，那就很新，而且故障也很少。
卡鲁劳斯： 是吗？
渡边： 去二手车交易中心，实际开一下，不就可以挑到好车吗？
卡鲁劳斯： 是呀。谢谢。

词汇

しょうがくきん	奨学金	奖学金
タクシー		出租汽车
スタンプ		邮戳、图章
クーポン		折扣优惠券
ミス		错误
はやねはやおき	早寝早起き	早睡早起
きゅうりょう	給料	工资
じょうけん	条件	条件
ぎじゅつかいはつ	技術開発	技术研制
〜だい	〜代	〜费
アルバイトだい	アルバイト代	临时工工资
ゆうめいじん	有名人	有名人
スタジアム		体育场
ヘッドホン		头戴式立体声耳机
ちゅうこしゃ	中古車	旧车、二手车
こしょう	故障	故障
ちゅうこしゃセンター	中古車センター	二手车交易中心
まにあう　Ⅰ	間に合う	来得及
あきらめる　Ⅱ		死心、放弃
せんでんする　Ⅲ	宣伝する	宣传
うれる　Ⅱ	売れる	畅销
とる　Ⅰ	取る	得（分）
ながいきする　Ⅲ	長生きする	长生
いかす　Ⅰ	生かす	发挥、有效地利用
はいる　Ⅰ	入る	得到、到手
はれる　Ⅱ	晴れる	晴
やむ　Ⅰ		（雨）停
わかい	若い	年轻
ゆうしゅう［な］	優秀［な］	优秀
ねっしん［な］	熱心［な］	热心、热情

—てん	—点	—分（考试成绩）
とちゅうで	途中で	半途
じっさいに	実際に	实际
〜けど、〜。		（用于作为后续句子的序言提示的助词）
ねえ		哎（与对方打招呼的词。用于关系比较密切的人）

サミットバンド		高峰乐队
じょうけんけい	条件形	条件形

句型说明

条件形

1. 条件形

   是表示假定条件的形态。条件形的作成方法如下：

   V：Ⅰ型：把字典形的最后音节"-u"变为"-eば"。

   　　Ⅱ型：把字典形的"る"变为"れば"。

   　　Ⅲ型："くる→くれば"、"する→すれば"

   いA：把"い"变为"ければ"。

   　　但是，"いい"时，则变为"よければ"。

   なA：词尾加"なら"。

   N　：词尾加"なら"。

	V dic.	V（条件形）			V dic.	V（条件形）	
Ⅰ	かう	かえば	う→え	Ⅱ	たべる	たべれば	る→れば
	かく	かけば	く→け		みる	みれば	
	いそぐ	いそげば	ぐ→げ	Ⅲ	くる	くれば	
	はなす	はなせば	す→せ		する	すれば	
	まつ	まてば	つ→て	いA	たかい	たかければ	い→ければ
	しぬ	しねば	ぬ→ね		*いい	よければ	
	あそぶ	あそべば	ぶ→べ	なA	かんたん	かんたんなら	+なら
	よむ	よめば	む→め		きれい	きれいなら	
	かえる	かえれば	る→れ	N	あめ	あめなら	

   否定的条件形是把ない形的"ない"变为"なければ"。

   V　：　かう　　　かわない　→　　かわなければ
   いA：　たかい　　たかくない　→　　たかくなければ
   なA：かんたん　かんたんじゃない　→　かんたんじゃなければ
   N　：　あめ　　あめじゃない　→　　あめじゃなければ

> 推薦状があれば、この奨学金がもらえます。
> 成績が優秀なら、この奨学金がもらえます。

如果有推荐信的话，可以拿这个奖学金。
如果成绩优秀的话，可以拿这个奖学金。

● S1（条件形）、S2

表示要使 S2 成立，必须要有 S1 的条件。

在 S2 中，不能使用表示说话者意志的意向形、"V てください"等表现以及过去形。

× 京都へ行けば、金閣寺へ行ってください。
× 京都へ行けば、きれいな人形を買いました。
○ 京都へ行けば、古いお寺がたくさん見られます。
　　如果去京都的话，可以看到很多古老的寺院。

但是，S1 是形容词、ない形、可能形等不带有说话者意志的表现的场合，S2 中可以使用意志表现。

寒ければ、窓を閉めてください。　如果冷的话，就把窗户关上。
分からなければ、聞いてください。　要是不懂的话就问。

2. あしたは晴れるでしょう。　预计明天是晴天。

● S（普通形）でしょう

1）是表示说话者所作推测的表现。这一表现较之"かもしれません"，发生的可能性更高。"でしょう"多用于天气预报、新闻解说以及评论等。
　⇒第 32 课 -2

2）"でしょう"之前使用普通形。但な形容词和名词时，要省略"だ"。
　な A：今日はお祭りなので、町はとてもにぎやかでしょう。
　　　　今天是庙会、街上一定非常热闹吧。
　N　：あしたはいい天気でしょう。　预计明天天气很好。

① いい車が選べるんじゃないですか。　好车不是可以挑选吗？
　　1）"んじゃないですか"是委婉地表达说话者意见的表现，即"我认为～，你也这样认为吧"。句尾的助词"か"声调要高。没有否定的意思。
　　2）"んじゃないですか"之前使用普通形。名词和な形容词的普通形"だ"变为"な"使用。

② コンサートがあるんだけど、一緒に行かない？
　　有音乐会，我们一起去吧。
　　接续助词"けど"作为进入正题之前的开场白使用。⇒第29课-②

③ 行けるかな。　能去吗。
　　"かな"接在句尾，表示自问的语气。"かな"经常用于自言自语。
　　"かな"之前使用普通形，但な形容词和名词时，要省略"だ"。也有时把发音延长为"かなあ"。

④ 行こうよ。　一起去吧。
　　助词"よ"也有加强委托、劝诱、命令等语气的功能。⇒第8课-①

　チケット、買っといて。　你先把票买好。
　　"かっといて。"是"かっておいて（ください）。"的缩约形。"～ておいて"变为"～といて"、"～でおいて"变为"～どいて"。
　　　　その書類、あしたまでに読んどいて。
　　　　那份文件，明天之前你先看一遍。
　　同样，"～ておきます"变为"～とく"、"～でおきます"变为"～どく"。

33

"たら""ば""と"

1)"たら"和"ば"都是表示条件的,而且两边都可以使用的情况比较多。但在以下场合使用"たら"。⇒第21课

①表示预定和顺序,不带有假定意思时。
春になったら、旅行しましょう。　到了春天,去旅行吧。
卒業したら、国へ帰ります。　毕业之后回国。

②表示发生意外事件,应该如何行动时。
地震が起きたら、机の下に入ってください。
发生地震的话,请钻到桌子底下去。
パスポートをなくしたら、大使館に連絡しなければなりません。
护照丢了的话,必须和大使馆联系。

2)表示为了愿望等的实现而必须的条件时,使用"ば"更合适。
⇒第33课-**1**
急げば、間に合います。　赶紧的话还来得及。
大きい失敗をしなければ、成功できるでしょう。
如果没有大的失败的话,是能成功的吧。

3)"と"表示必然的结果,是就与人们的意志无关而发生的事情加以叙述的表现。⇒第23课-**2**
春になると、桜の花が咲きます。　春天一到,樱花就会绽开。
水がないと、困ります。　没有水就糟了。
另外,也常常用于指路以及说明操作方法等时。
この道をまっすぐ行くと、右に公園があります。
顺着这条路一直走,右边有个公园。
このボタンを押すと、お茶が出ます。　一按这个按钮,茶就会流出来。

词汇与文化信息

履歴書 履历表

年 月 日　年月日			
ふりがな：			
氏　名　姓名　　アラン　マレ			
19××年7月10日生（満30歳） 19xx 年 7 月 10 日出生（满 30 岁）		男・女 男／女	
ふりがな：　すばるしにしまち 現住所　现住址 〒123-4567　すばる市西町1－1－1－205			電話　电话 (03)3292-6521
ふりがな： 連絡先　联系地点　〒			電話　电话 メール　电子邮箱

年 年	月 月	学歴・職歴（各部にまとめて書く） 学历、工作经历（按部类集中填写）
		学歴　学历
19××	9	パリ大学経済学部国際経済学科　入学 巴黎大学经济系国际经济学科　入学
19××	6	パリ大学経済学部国際経済学科　卒業 巴黎大学经济系国际经济学科　毕业
		職歴　工作经历
20××	4	サミット銀行入社　現在に至る 进高峰银行工作至今
		以上 以上

34 比赛输了

会话

乔丹： 我回来啦。
岩崎： 回来啦。你怎么了?
乔丹： 比赛输了。
岩崎： 太遗憾了。什么人比赛输了都会感到懊悔,对吧。
乔丹： 是我忘了看教练的手势,所以才……。
岩崎： 别那么沮丧,下次加油。
乔丹： 嗯。谢谢。

词汇

てんぷ	添付	附件（电脑用语）
パスワード		密码
あみだな	網棚	网架
ポケット		口袋
ズボン		裤子
こい	恋	恋爱
あいて	相手	对方
ようちえん	幼稚園	幼儿园
はつこい	初恋	初恋
ものがたり	物語	故事
はつこいものがたり	初恋物語	初恋故事
コーチ		教练员
サイン		暗号（体育比赛中教练等以手势向运动员传递的信号）、签字

せいりする　Ⅲ	整理する	整理（数据）
まちがえる　Ⅱ	間違える	弄错
ねぼうする　Ⅲ	寝坊する	睡懒觉
フリーズする　Ⅲ		死机
しゅうりょうする　Ⅲ	終了する	结束
まける　Ⅱ	負ける	输（比赛＋に）
かつ＊　Ⅰ	勝つ	赢、胜
やめる　Ⅱ	辞める	辞职
がっかりする　Ⅲ		沮丧、失望

はずかしい	恥ずかしい	害羞、不好意思
くやしい	悔しい	懊悔

とくい[な]	得意[な]	拿手、擅长
にがて[な]	苦手[な]	不擅长

そんなに		那么、那样
では		那么（"じゃ"的礼貌说法）

おさきに。	お先に。	我先~了。
ただいま。		我回来啦。（自己回来时的套话）
おかえりなさい。	お帰りなさい。	回来啦。（别人回来时的套话）

はやしももこ	林もも子	林桃子

句型说明

完了、动词的名词化

1. 本を全部読んでしまいました。　书全看完了。
   - ● V てしまいます
   1）强调动作完了的表现。
   与"ぜんぶ""もう"等副词一起，以"V てしまいました"的形式使用的时候比较多。
   2）"V てしまいたいです"表示说话者想在将来定好的时候之前，把那一动作结束的心情。

2. 財布をなくしてしまいました。　把钱包弄丢了。
   - ● V てしまいました
   1）是表示对于已经结束了的动作，说话者因其无法挽回而感到遗憾、懊悔的表现。
   2）"てしまいました"根据文脉和状况等，有时是完了的意思，有时是遗憾的心情的意思。

   A：サラダが残っていましたね。早く食べなければなりません。
   　　色拉还剩着呢。得快点儿吃。
   B：大丈夫ですよ。わたしがさっき食べてしまいました。おいしかったです。
   　　没关系。我刚才已经吃过了，很好吃。

   A：あれ、ここにあったラーメンは？　哎呀，这里放着的拉面呢？
   B：すみません。僕のだと思って食べてしまいました。
   　　对不起，我以为是我的，所以给吃掉了。
   A：えっ！　啊！

3. 眼鏡を掛けたまま寝ています。　戴着眼镜睡着了。
   - ● V1 たまま V2
   1）表示 V2 是在 V1 的结果放置不管这种不自然的状态下进行的。
   2）V1 和 V2 的主语是同一个。

4.
友達と旅行するのは楽しいです。	和朋友一起去旅行很愉快。
音楽を聞くのが好きです。	喜欢听音乐。
窓を閉めるのを忘れました。	忘了关窗户。

- V dic. のは A
- V dic. のが A
- S（普通形）のを V

1）"の"接在动词普通形之后，使这一动词句名词化。名词化的部分在句中作为主语和对象语使用。

2）"V dic. のは"与"おもしろい""むずかしい""たいへん"等表示说话者评价的形容词一起使用。

3）"V dic. のが"和"すき""きらい""じょうず""へた""はやい""おそい"等形容词一起使用。

4）"S（普通形）のを"和"わすれる""しっている""きく""みる"等动词一起使用。

"のを"之前使用普通形，但な形容词和名词的"だ"要变成"な"。

山田さんの奥さんが病気なのを知っていますか。

你知道山田先生的夫人病了吗?

5）"こと"也可以使动词名词化。⇒第14课

"の"和"こと"可以互换，但在下面的句型中，"こと"不能用"の"来替代。

わたしの趣味は本を読むことです。

我的爱好是看书。⇒第14课-2

アランさんはギターを弾くことができます。

阿朗先生会弹吉他。⇒第14课-3

わたしは北海道へ行ったことがあります。

我去过北海道。⇒第18课-2

① 1時間で読んでしまいました。 用1个小时读完了。

助词"で"和表示数量的词汇一起使用，表示动作所需的时间、金额以及人数等。

3か月で日本語が話せるようになりました。
用了3个月的时间，日语会讲了。
古いテレビなら、5,000円で買えます。
旧电视的话，用5,000日元可以买到。
5人で新しい会社を作りました。
5个人一起创办了一个新公司。

② だれでも試合に負けるのは悔しいですよね。
什么人比赛输了都会感到懊悔，对吧。
"よね"是终助词"よ"和"ね"连用的形式，用在就自己的想法去求得对方的赞同或予以确认时。

試合に負けちゃった。 比赛输了。
"まけちゃった"是"まけてしまった"的缩约形。
"てしまった"变为"〜ちゃった"，"〜でしまった"变为"〜じゃった"。
ビール、全部飲んじゃった。 啤酒全都喝光了。

词汇与文化信息

擬態語（ぎたいご） 拟态词

1. 表情や感情を表す表現　表现表情、感情等的表现

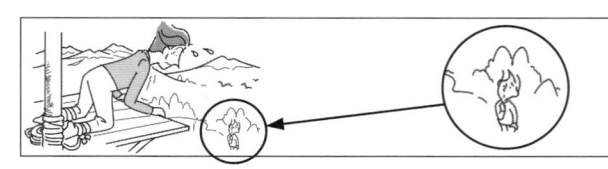

にこにこ	わくわく	そわそわ
笑嘻嘻	扑通扑通	心神不定

いらいら	どきどき	はらはら
焦操不安	忐忑不安	担心

がっかり	ぼんやり	むかむか
失望	发呆	恶心

2. もののようすを表す表現　事物样子的表现

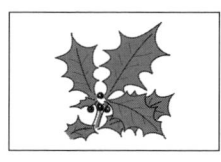

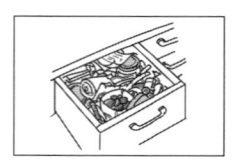

ぎざぎざ	でこぼこ	ぼろぼろ
锯齿形状	坑坑洼洼	破破烂烂

ぴかぴか	つるつる	ごちゃごちゃ
锃亮	滑溜溜	乱糟糟

35 随身总带着伞

会话

差猜： 木村女士，那是什么？
木村： 是伞。
差猜： 欸，可真小啊。
木村： 对，很方便随身带。
差猜： 是吗？你平时总带着伞啊？
木村： 是呀，现在这个季节，正是雨多的时候，所以我随身总带着伞。
太小了，有点儿不好用，但是……。
差猜： 让我看一下。很轻，真好。在哪儿有卖？
木村： 车站前的超市里就有卖的。明天我去那儿，顺便帮你买回来吧？
差猜： 欸，真的可以吗？那就麻烦你了。

词汇

ヘルメット		安全帽
すいぞくかん	水族館	水族馆
くふう	工夫	设法、动脑筋
トンネル		隧道
ショー		表演
レインコート		雨衣
くるまいす	車いす	轮椅
スロープ		斜面、坡
よしゅう	予習	预习
ふくしゅう*	復習	复习
つめきり	つめ切り	指甲刀
つめ		指甲
はブラシ	歯ブラシ	牙刷
すいはんき	炊飯器	电饭锅
たいおんけい	体温計	体温计
ろうか	廊下	走廊
じんじゃ	神社	神社
いた	板	板
うら	裏	背面
ねがいごと	願い事	心愿、祈愿
にゅうがく	入学	入学
にゅうがくしけん	入学試験	入学考试
おねがい	お願い	许愿
たなばた	七夕	七夕（7月7号举行的日本的传统活动）
えきまえ	駅前	站前一带
たく　Ⅰ	炊く	烧饭
はかる　Ⅰ	測る	测量
すべる　Ⅰ	滑る	滑
あげる　Ⅱ	挙げる	举（手）
まねく　Ⅰ	招く	招呼、邀请
もちあるく　Ⅰ	持ち歩く	随身带着

うる Ⅰ	売る	卖
—トン（t）		—吨
おおぜい	大勢	很多人
ついでに		顺便
いいんですか。		真的可以吗？（用于很客气地对对方的好意加以确认）

しらゆきひめ	白雪姫	白雪公主

句型说明

目的 2

1. | 約束の時間に間に合うように、急いで行きます。
   | 会議に遅れない　　　ように、急いで行きます。

   赶紧走，不要误了约好的时间。
   赶紧走，不要误了开会的时间。

   ● ［V dic. / V ない］ ように、S

   1）表示以 V 所示的状态为目标，进行 S 的动作。
   2）V 使用的是可能形或"わかる""みえる"等有可能意思的动词以及ない形等无意志的表现。"ために"也表示目的，但"ために"中，V 使用带有意志的表现。⇒第 24 课（P.30）
   10時の電車に乗れるように、急ぎます。　赶紧走，好赶上10点的电车。
   10時の電車に乗るために、急ぎます。　为了坐10点的电车，赶紧走。

2. | 毎日野菜を食べるようにしています。　　努力做到每天都吃蔬菜。
   | 無理をしない　　ようにしています。　　尽量做到不勉强。

   ● ［V dic. / V ない］ ようにしています

   这一表现表示的是努力有规律性地去做某一动作，或努力不去那样做。

3. | このかばんは重い荷物を運ぶのにいいです。
   | このかばんは旅行　　　　　　にいいです。

   这个提包适合于搬运重行李。
   这个皮包适合于旅行。

   ● ［V dic. の / N］ に S

   "N +に S"的形式是表示用途和目的的表现。S 中和"いい""つかう""やくにたつ""べんり""ひつよう""（おかね／じかんが）かかる"等词汇一起使用。动词变为名词形（V dic. の）使用。

4. | このカメラは使いにくいです。 | 这个照相机不好用。
| この辞書は使いやすいです。 | 这本字典很好用。

- ● V にくいです
- ● V やすいです

1）"V にくいです"是进行 V 所示的动作不很简单，或"非常不～"的意思。
　　車の窓ガラスは割れにくいです。　汽车的窗玻璃不容易碎。

2）"V やすいです"是进行 V 的动作很简单，或"很容易～"的表现。
　　ガラスのコップは割れやすいです。　玻璃杯很容易碎。

3）把ます形的"ます"变为"にくいです""やすいです"而成。
　　つかいます → つかいにくいです／つかいやすいです
　　　われます →　われにくいです／　われやすいです
　　あるきます →　あるきにくいです／あるきやすいです

4）"にくいです""やすいです"与い形容词的句尾变化相同。
　　このカメラは使いやすくて便利です。　这个照相机很好用，非常方便。

---

① 大学に合格しますように。　保佑我考上大学。
是向神佛许愿，希望将来某件事能够实现时使用的表现。
"ように"之前使用动词的ます形。

词汇与文化信息

縁起物（えんぎもの） 吉祥物

1. 幸（しあわ）せを呼（よ）ぶもの　带来幸运的东西

招（まね）き猫（ねこ）
招手猫

破（は）魔（ま）矢（や）
破魔剑

くまで
捞财耙子

だるま
不倒翁

絵（え）馬（ま）
彩马扁额

七福神（しちふくじん）
七福神

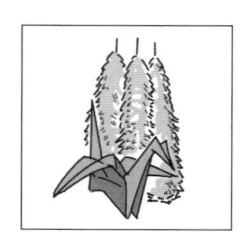

千羽（せんば）づる
千羽鹤

2. おみくじ　神签

大吉　大吉（だいきち）

吉　吉（きち）

凶　凶（きょう）

大凶　大凶（だいきょう）

36 被译成了许多国家的语言

会话

林： 渡边小姐，你看过这本小说吗?
渡边： 哎，看过。在年轻人中很有人气，被译成了许多国家的语言呢。
林： 最近受到老师推荐，所以从图书馆借来了。
　　　这本书怎么样? 有意思吗?
渡边： 对，特别是那个被怀疑是犯人的男子的生活方式很让人感兴趣。
林： 是吗?
渡边： 不过，那个男子最后被女朋友杀死了。
林： 渡边小姐，别说了，我这就要看呢。

词汇

かちょう	課長	科长
ちこく	遅刻	迟到
けっせき	欠席	缺席
どろぼう		小偷
よっぱらい	酔っ払い	醉鬼
か	蚊	蚊子
しょうきょうと	小京都	小京都
オリンピック		奥林匹克
へいあんじだい	平安時代	平安时代
ダイナマイト		炸药
ラジウム		镭
こうぎょう	工業	工业
のうぎょう	農業	农业
ぎょぎょう	漁業	渔业
さんぎょう*	産業	产业
じどうしゃ	自動車	汽车
せきゆ	石油	石油
さむらい	侍	武士
ぎょうれつ	行列	行列
こうげいひん	工芸品	工艺品
かてい	家庭	家庭
しょうせつ	小説	小说
さいご	最後	最后
さいしょ*	最初	最初
さわぐ Ⅰ	騒ぐ	吵闹
よぶ Ⅰ	呼ぶ	喊、叫来
ふる Ⅰ	振る	甩（被朋友抛弃）
しかる Ⅰ		批评、责备
ほめる Ⅱ	褒める	表扬
はつめいする Ⅲ	発明する	发明
おこす Ⅰ	起こす	叫醒

プロポーズする Ⅲ		求婚
こぼす Ⅰ		撒落
とる Ⅰ	取る	偷
さす Ⅰ	刺す	叮
ひらく Ⅰ	開く	开（会）
はっけんする Ⅲ	発見する	发现
ゆしゅつする Ⅲ	輸出する	出口
ゆにゅうする Ⅲ	輸入する	进口
おこなう Ⅰ	行う	举行
したしむ Ⅰ	親しむ	喜欢、亲近
すすめる Ⅱ	勧める	推荐
うたがう Ⅰ	疑う	怀疑、靠不住
いきる Ⅱ	生きる	生存、生活
ころす Ⅰ	殺す	杀
うつくしい	美しい	美丽
きょうみぶかい	興味深い	很感兴趣
いや[な]	嫌[な]	讨厌
さかん[な]	盛ん[な]	兴盛、繁荣
でんとうてき[な]	伝統的[な]	传统性
〜せいき	〜世紀	〜世纪
たいへん	大変	非常
とくに	特に	特别
〜によって		被〜

かなざわ	金沢	金泽
ひめじじょう	姫路城	姫路城
タージマハル		泰姫陵
けんろくえん	兼六園	兼六园
ノーベル		诺贝尔

シェークスピア		莎士比亚
マリー・キュリー		居里夫人
シャー・ジャハーン		沙・贾汗
ながのオリンピック	長野オリンピック	长野奥运会
げんじものがたり	源氏物語	源氏物语
ハムレット		哈姆雷特
うけみけい	受身形	被动形

句型说明

被动形

1. 被动形

   1) 被动形不是从动作的发动者一方，而是从动作的承受者一方的立场来进行陈述时使用的表现。

      在日语中，被动句使用他动词（Vt.），但在以下3个场合也使用自动词（Vi.）。

   2) 被动形的作成方法如下：

      Ⅰ型：把字典形的最后音节"-u"变为"-a れる"。

      Ⅱ型：把字典形的"る"变为"られる"。

      Ⅲ型："くる→こられる"、"する→される"

	V dic.	V（被动形）				V dic.	V（被动形）	
Ⅰ	いう	いわれる	う→わ		Ⅱ	たべる	たべられる	
	きく	きかれる	く→か			おしえる	おしえられる	
	さわぐ	さわがれる	ぐ→が			みる	みられる	る→られる
	はなす	はなされる	す→さ			いる	いられる	
	まつ	またれる	つ→た	れる	Ⅲ	くる	こられる	
	しぬ	しなれる	ぬ→な			する	される	
	よぶ	よばれる	ぶ→ば					
	よむ	よまれる	む→ま					
	つくる	つくられる	る→ら					

   3) 被动形作为Ⅱ型动词发生语尾变化。

2. わたしは先生に呼ばれました。　我被老师叫来了。

   ● N1（人）は N2 に V（被动形）

   这是站在动作承受者（N1）的立场上，直接来叙述所承受的动作的表现。动词使用他动词。动作的发动者（N2）用助词"に"来表示。

   先生はわたしを褒めました。　老师表扬我了。
   わたしは先生に褒められました。　我受到了老师的表扬。

3. | わたしは子供にカメラを壊されました。
    | わたしは雨に降られました。

我被孩子把照相机弄坏了。
我被雨淋了。

- N1(人)はN2にN3(物)をVt.(被动形)
- N1(人)はN2にVi.(被动形)

1）某件事发生，对此感到困惑、或蒙受损害时所使用的表现。感到困惑，蒙受了损害的人是主语。
○わたしは子供にカメラを壊されました。 我被孩子把照相机弄坏了。
×わたしのカメラは子供に壊されました。

2）这种感到困惑，蒙受损害的表现中使用有他动词和自动词。
昨日の晩、子供に泣かれて、寝られませんでした。
昨天晚上被孩子哭得没睡好觉。
动作发动者（N2）用助词"に"来表示。

3）被动句是句型 **2** 的意思，还是句型 **3**（困惑，被害）的意思，因文脉而异。
先生によく勉強していると言われました。
被老师夸奖说"你学习很用功"。
まじめに仕事したのに、仕事をサボったと言われたんです。
我很认真地工作，却被批评说，"工作中偷懒"。

4）动作的承受者不是对那一动作感到困惑，而是感激的场合，则不使用被动形，而是使用"Vてもらいました"。⇒第 22 课 –**3**
隣の人にピアノを弾かれました。（うるさかったです。）
被隔壁的人弹钢琴吵了。（很吵。）
マリーさんにピアノを弾いてもらいました。（とてもよかったです。）
请玛莉小姐演奏了钢琴。（很棒。）

4. | 大阪で会議が開かれます。 | 会议在大阪召开。

- N(物/事)がV(被动形)

动作发动者不加以特定的场合，把"物"、"事"作为主语构成被动形。
1998年に長野オリンピックが開かれました。
1998年，举办了长野奥运会。
金沢で作られた工芸品は日本の家庭でよく使われています。
日本家庭中经常使用在金泽制作的工艺品。

① 源氏物語は紫式部によって書かれました。
源氏物语是由紫式部写成的。
不带任何感情地客观地陈述某一行为的场合，"によって"表示被动句的动作发动者。在使用"かく""はつめいする""つくる""はっけんする"等表示会产生什么的动词时，动作的发动者不用"に"，而是使用"によって"。

② 兼六園という公園　叫做"兼六园"的公园
以"N1 という N2"的形式使用，N1是固有名词，N2是一般名词。N1是就说话者或听话者，或双方都不太知道的人、物以及场所加以说明时的表现。说话者和听话者都知道的场合不用这个句型。
　　川田さんは東京に住んでいます。　川田先生住在东京。
　　山田さんは金沢という町に住んでいます。
　　山田先生住在叫做"金泽"的城市里。

歌舞伎を見に行こうって言われた。　有人约我说，"去看歌舞伎吧"。
"っていわれた"是"といわれた"的缩约形。

词汇与文化信息

産業　产业

1. 第1次産業　第一产业

農業
农业

林業
林业

水産業
水产业

2. 第2次産業　第二产业

製造業
制造业

建設業
建筑业

3. 第3次産業　第三产业

情報通信業
信息传输业

運輸業
交通运输业

小売業
零售业

不動産業　房地产业　　金融業　金融业　　教育　教育　　医療　医疗

37 好像挺有意思的

会话

木村： 对不起，我来晚了。
差猜： 我也是刚到。
木村： 今天承蒙招待，谢谢。
　　　这是泰国的咖喱吗？
差猜： 对，是大家一起做的。请尝尝。
木村： 真好吃啊。
差猜： 谢谢。啊，现在101教室正在表演印尼的舞蹈。
木村： 好像挺有意思的，我们去看看吧。
差猜： 好。

词汇

やね	屋根	屋顶
わに		鳄鱼
こうりゅう	交流	交流
こうりゅうパーティー	交流パーティー	交流宴会
しょっけん	食券	饭票
ざいりょうひ	材料費	材料费
あとかたづけ	後片付け	收拾
ぶちょう	部長	部长（处长）
ドレス		连衣裙、女礼服
でんしじしょ	電子辞書	电子辞典
クッション		坐垫、靠垫
わりあい	割合	比例、比率
だんせい	男性	男性
じょせい	女性	女性
グラフ		图表
～しゃ	～者	～者（接尾词、表示具有某一属性的人）
どくしんしゃ	独身者	单身
～よう	～用	～用（接尾词、表示以～为使用的对象）
どくしんしゃよう	独身者用	单身用
しょうひん	商品	商品
かず	数	数
あかちゃん	赤ちゃん	婴儿
（ご）しょうたい	（ご）招待	招待、邀请
とうじつ	当日	当天
よういする　Ⅲ	用意する	预备、准备

けしょうする Ⅲ	化粧する	化妆
やける Ⅱ	焼ける	烤
にあう Ⅰ	似合う	合适、般配
あらわす Ⅰ	表す	表示
くらい	暗い	忧郁、不开朗
つめたい	冷たい	冷淡
きがよわい	気が弱い	懦弱、胆怯
きがつよい*	気が強い	好强、倔强
きがみじかい	気が短い	性子急、脾气躁
おそい	遅い	晚、迟
いじわる[な]	意地悪[な]	心术不正（的人）
がんこ[な]	頑固[な]	顽固
わがまま[な]		任性
ちょうど		正好、刚好
あとで		以后、过后
きっと		一定
そんなことない。		没有那种事。（否定对方发言内容的表现）
こんにちは。		你好。
いらっしゃい。		欢迎。

いってまいります。	行ってまいります。	我走啦。（出门告别时的套话）

句型说明

样态、预想

1. リンさんは楽(たの)しそうです。　　林先生看上去好像很愉快。
   リンさんは暇(ひま)そうです。　　林先生看上去好像挺闲的。
   雨(あめ)が降(ふ)りそうです。　　看上去好像要下雨。

   ● ［いAい / なA / V］ そうです

   1)"そうです"接续形容词的场合，是说话者就对象外观的样子、印象加以叙述的表现。意思是"看上去好像"。

   （吃之前）そのケーキ、おいしそうですね。
   　　　　那个蛋糕看上去好像挺好吃的。
   （吃着时）このケーキ、おいしいですね。
   　　　　这个蛋糕，真好吃啊。

   说话者讲自己以外的人的感情、感觉的场合也用"そうです"来表现。讲自己时不用"そうです"。

   ○わたしは楽(たの)しいです。　我很愉快。
   ×わたしは楽(たの)しそうです。
   ×リンさんは楽(たの)しいです。
   ○リンさんは楽(たの)しそうです。　林先生看上去好像很愉快。

   一眼就可以判断的颜色、或看到的外观等场合不用"そうです"。

   ×きれいそうです。→ きれいです。
   ×赤(あか)そうです。　→ 赤(あか)いです。

   2)"そうです"接续动词的场合，意思是从目前的状况来预测某个动作或事情发生的可能性。另外，也可以作为预测即使现在看不到，但将来有可能发生事情的表现使用。

   留学生(りゅうがくせい)が増(ふ)えそうです。　留学生看样子会增加。

   3) い形容词是把"い"变为"そうです"。
   　 な形容词是在词尾接续"そうです"。

いA： たのしい → たのしそうです
　　　 むずかしい → むずかしそうです
　　　*いい → よさそうです
なA： ひま → ひまそうです
　　　 べんり → べんりそうです

动词是把ます形的"ます"变为"そうです"。

V： ふります → ふりそうです
　　 へります → へりそうです

"そうです"不用在名词之后。

"そうです"也有把听到的、看到的信息原封不动地告诉给对方的意思。这种场合接续普通形。⇒第28课

2.
コンサートが始まる　ところです。	音乐会刚要开始。
コンサートをやっているところです。	音乐会正在进行。
コンサートが終わった　ところです。	音乐会刚好结束。

● ⎡ V dic. ⎤
　 ⎢ V ている ⎥ ところです
　 ⎣ V た ⎦

1）表示动作正处于什么阶段的表现。这里的"ところ"没有场所的意思。"ところです"作为名词句使用。

2）经常用在对照片、图像映出的场面进行说明等。

3）也用于说明自己的情况，向对方提出邀请，或拒绝对方的相邀时。

A：こんにちは。　你好！

B：いらっしゃい。ちょうど今ケーキが焼けたところ。一緒に食べない？
　　欢迎。我刚做好蛋糕，不一起吃吗？

A：ちょっと手伝ってくれませんか。　能帮我一下儿吗？

B：すみません。今書類をコピーしているところなんです。あとでいいですか。　对不起，我正在复印文件，过一会儿行不行？

3. ちょっと食べてみます。　尝一下看。

● V てみます

是试着做一下来看结果的表现。

① ちょっと手伝ってくれませんか。　能帮我一下吗？

"V てくれませんか"是请听话者帮说话者或说话者一方的人做什么时的表现。对上司、长辈不用。礼貌的程度如下：

礼貌程度　高　｜　ちょっと手伝っていただけませんか。　能请您帮我一下吗？
　　　　　　　｜　ちょっと手伝ってくださいませんか。　您能帮我一下吗？
　　　　　　　｜　ちょっと手伝ってくれませんか。　　　能帮我一下吗？
　　　　　　　↓　ちょっと手伝ってください。　　　　　请帮我一下。
　　　　　低　　　ちょっと手伝って。　　　　　　　　　帮我一下。

词汇与文化信息

グラフと計算(けいさん)　图表与运算

1. グラフの種類(しゅるい)　图表的种类

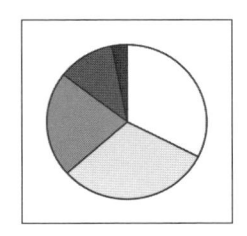

円(えん)グラフ
圆形图表

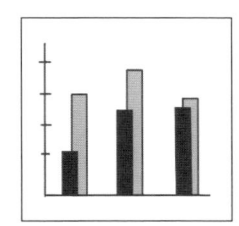

棒(ぼう)グラフ
柱形图表

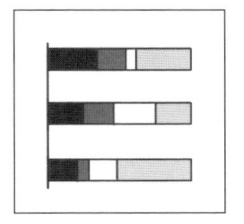

帯(おび)グラフ
长方形图表

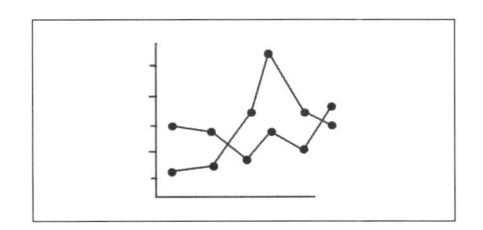

折(お)れ線(せん)グラフ
折线图表

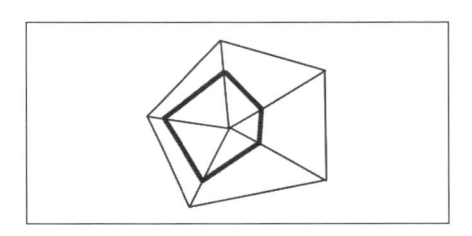

レーダーグラフ／レーダーチャート
雷达图表

2. グラフ用語(ようご)　图表用语

縦軸(たてじく)　纵轴　　横軸(よこじく)　横轴　　割合(わりあい)　比率　　数(かず)　数

量(りょう)　量

3. 線(せん)の種類(しゅるい)　线的种类

実線(じっせん)
实线

破線(はせん)
虚线

点線(てんせん)
点线

4. 四則計算(しそくけいさん)　四则运算

1 + 5 = 6（1足(た)す5は6）　　　10 − 3 = 7（10引(ひ)く3は7）
2 × 6 = 12（2掛(か)ける6は12）　　12 ÷ 4 = 3（12割(わ)る4は3）

まとめ7

词汇

ゲームき	ゲーム機	游戏机
せかい	世界	世界
～じゅう	～中	～中
せかいじゅう	世界中	世界中
りゃく	略	略
おとしより	お年寄り	老年人
とくちょう	特徴	特征
わかもの	若者	年轻人
きそ	基礎	基础
とうじ	当時	当时
よごす Ⅰ	汚す	弄脏
はつばいする Ⅲ	発売する	出售
つける[なまえを～] Ⅱ	つける[名前を～]	起［名字］
らんぼう[な]	乱暴[な]	粗暴、粗野
いまでは	今では	（在）如今

ファミコン		电子游戏机（"ファミリーコンピューター"的简称）
ファミリーコンピューター		电子游戏机

38 是"小心猴子"的意思

会话

乔丹： 那个标志是什么意思？
渡边： 是"小心猴子"的意思。
乔丹： 欸，这里有猴子？
渡边： 对，木村女士也说了，因为这一带猴子很多，所以要注意一点儿为好。
乔丹： 会有什么问题吗？
渡边： 说是吃的东西会被猴子抢走。
乔丹： 因为开发不断进展，猴子吃的东西没有了，所以才会来抢人类的食物，不是吗？猴子也不容易啊。

词汇

へい	塀	围墙
はたけ	畑	旱田
いみ	意味	意思
OK（オーケー）		OK
くま		熊
ドライクリーニング		干洗
アイロン		熨斗
ボディーランゲージ		肢体语言
かんばん	看板	招牌、广告牌
かのうせい	可能性	可能性
ゆれ	揺れ	摇晃（的程度）
ひょうしき	標識	标志
～へん	～辺	～一带
～ちゅう	～中	正在～（中）
じゅぎょうちゅう	授業中	正在上课
らくがきする Ⅲ	落書きする	（在门、墙上）涂写
いじめる Ⅱ		欺负
いく Ⅰ	行く	上（比赛中，提高士气，往前冲的意思）
シュートする Ⅲ		射门、投篮
かける[アイロンを～] Ⅱ		熨
まちがう Ⅰ	間違う	有误、错了
できる Ⅱ		能干
おちてくる Ⅲ	落ちて来る	掉下来
たつ Ⅰ		（时间）流逝、过去
すすむ Ⅰ	進む	进展、前进
ただしい	正しい	正确
だめ[な]		不行
どういう		什么、什么样的

たいてい		一般、普通
まず		先、首先
はあい		是、好（儿童用语）
〜のつぎに	〜の次に	其次
なにやってるの。	何やってるの。	你做什么呢呀！（谴责对方的行动时的表现）

めいれいけい	命令形	命令形
きんしけい	禁止形	禁止形

句型说明

38

命令形和禁止形

1. 命令形和禁止形

1）命令形是命令听话者做某一行为，禁止形是命令听话者不要做某一事情。表示上面对下面的绝对命令，两者都主要是男性使用。

2）命令形的作成方法如下：
Ⅰ型：把字典形的最后音节"-u"变为"-e"。
Ⅱ型：把字典形的"る"变为"ろ"。
Ⅲ型："くる→こい"、"する→しろ"

	V dic.	V（命令形）			V dic.	V（命令形）	
Ⅰ	かう	かえ	う→え	Ⅱ	ねる	ねろ	
	かく	かけ	く→け		みる	みろ	
	はなす	はなせ	す→せ		かりる	かりろ	る→ろ
	まつ	まて	つ→て		*くれる	くれ	
	しぬ	しね	ぬ→ね	Ⅲ	くる	こい	
	あそぶ	あそべ	ぶ→べ		する	しろ	
	よむ	よめ	む→め				
	かえる	かえれ	る→れ				

3）禁止形的作成方法如下：
字典形加"な"。

かう　→　かうな
かく　→　かくな
たべる　→　たべるな
する　→　するな
くる　→　くるな

> みんな、頑張れ。　　大家加油！
> 中に入るな。　　　　禁止入内！

命令形和禁止形也用于标志（规则等）以及声援助威时。声援助威的场合，女性也可以使用。

另外，发生紧急情况或男性吵架时也会使用。
　　危ない！　止まれ！　危险！停住！
　　うるさい！　外へ出ろ！　讨厌！滚出去！

2. 答えを書きなさい。　请写出答案。
　●Vなさい
　1)"Vなさい"是父母对孩子、老师对学生下达指示、命令时使用的形式。站在监督立场上的人使用的场合比较多。女性也可以使用。另外，还经常用于试卷中的指示。
　2)把ます形的"ます"变为"なさい"。
　　　かきます → かきなさい
　　　たべます → たべなさい
　　　　きます → 　きなさい

3. これは入るなという意味です。　这是"禁止入内"的意思。
　●Nは～という意味です
　这一表现用于标志或为词汇的意思下定义时。
　被定义的内容用普通形以及命令形、禁止形表示。
　疑问句使用"どういう"，构成如下：
　　A：これはどういう意味ですか。　这是什么意思？
　　B：ドライクリーニングができないという意味です。
　　　　是"不能干洗"的意思。

4. アランさんは友達に会うと言っていました。　阿朗先生说了，去见朋友。
　●～と言っていました
　1)"～といっていました"是传达第三者的口信时使用的表现。口信的内容放在表示引用的助词"と"之前，用普通形，命令形和禁止形表示。
　2)"～といっていました"是把第三者所说的内容作为口信传达的表现，而"～といいました"是把别人发言的内容原封不动地传达给听话者的表现。
　　⇒第19课–**3**

词汇与文化信息

38

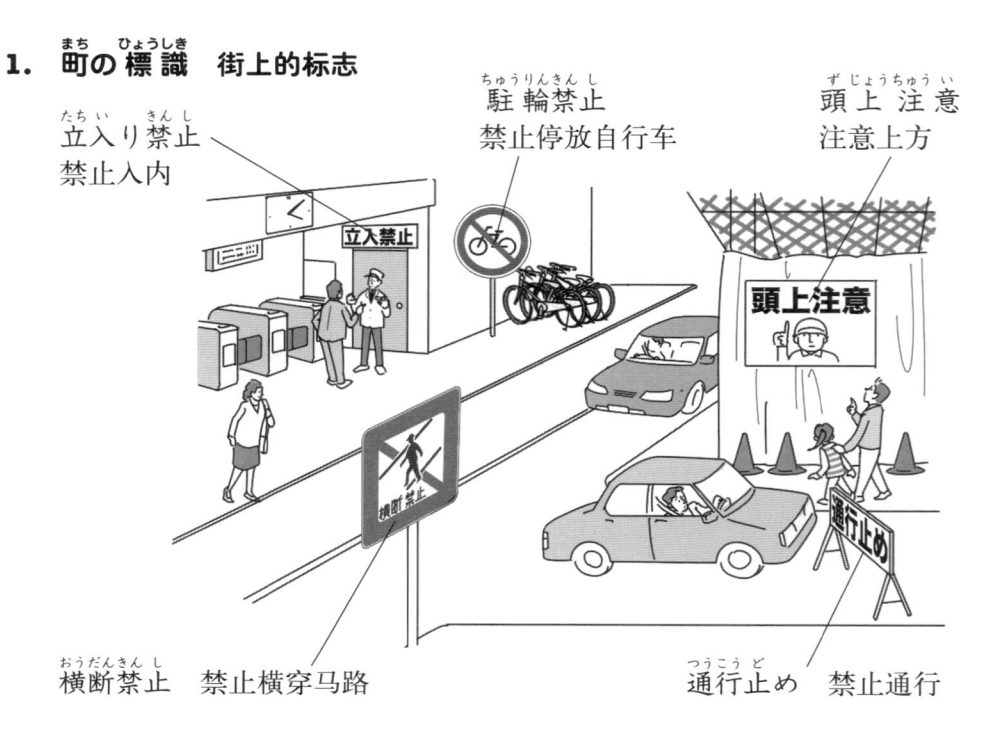

標識（ひょうしき） 标志

1. 町の標識　街上的标志

- 立入り禁止（たちいりきんし）　禁止入内
- 駐輪禁止（ちゅうりんきんし）　禁止停放自行车
- 頭上注意（ずじょうちゅうい）　注意上方
- 横断禁止（おうだんきんし）　禁止横穿马路
- 通行止め（つうこうどめ）　禁止通行

2. 施設内の標識　设施内的标志

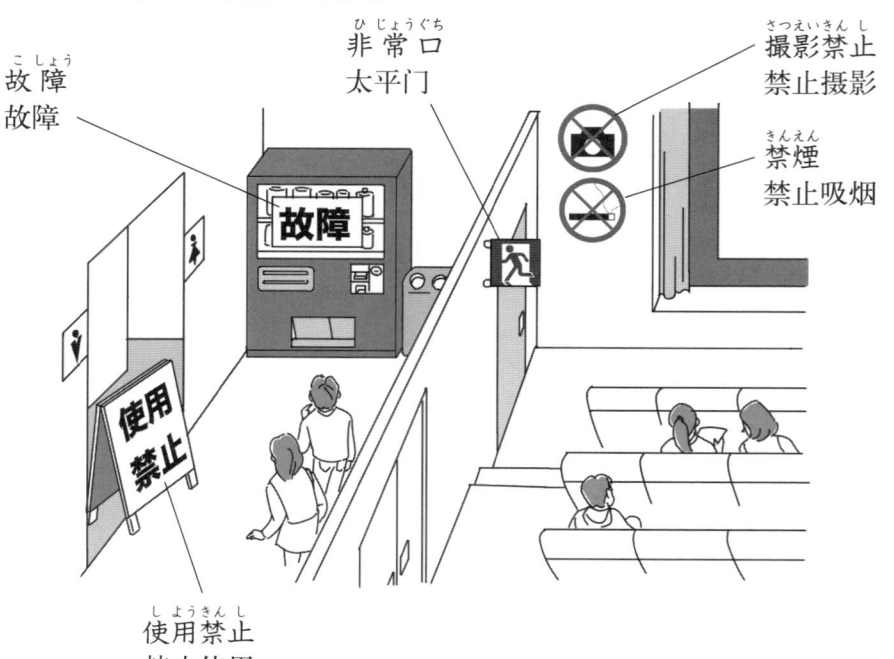

- 故障（こしょう）　故障
- 非常口（ひじょうぐち）　太平门
- 撮影禁止（さつえいきんし）　禁止摄影
- 禁煙（きんえん）　禁止吸烟
- 使用禁止（しようきんし）　禁止使用

39 本想旅行时用买的，可……

会话

木村： 金小姐，从明天开始去旅行，是吧?
金： 是啊，为此买了个新的照相机，可出了毛病，现在送去修理了。本想旅行时用买的，可……。
木村： 刚买的就坏了吗?
金： 嗯，一按电源，马上就显示有误。好像是开关部分有问题。说是修理要一个星期左右。
木村： 是吗? 那把我的借给你吧。
金： 真的可以吗?
木村： 可以，多照点儿好照片回来。
金： 好。谢谢。

词汇

るす	留守	不在家
ウール		羊毛
バーゲン		廉价销售、甩卖
あしあと	足跡	足迹
はちみつ		蜂蜜
せき	席	席位、座位
いっぱい		满、饱
しょうしゃ	商社	商社、贸易公司
ちしき	知識	知识
せんもんちしき	専門知識	专业知识
エラー		错误、过失
スイッチ		开关
ぶぶん	部分	部分
はいる Ⅰ	入る	含有
あつまる Ⅰ	集まる	集中、聚集
のこる Ⅰ	残る	剩下、留下
さす[かさを～] Ⅰ	さす[傘を～]	打［伞］
ゆずる Ⅰ	譲る	让给
うまくいく Ⅰ		进展顺利
つきあう Ⅰ		交往、交际
びっくりする Ⅲ		吃惊
きこくする Ⅲ	帰国する	回国
きたいする Ⅲ	期待する	期待
なやむ Ⅰ	悩む	烦恼
はなしあう Ⅰ	話し合う	对话（人＋と）
ばりばり		（干活）麻利
どうも		总觉得
それで		因此

そうか。		是吗。（"そうですか"在较为轻松的会话中的说法）

やまかわ	山川	山川

句型说明

推量2、逆接的"のに"

1. マリーさんは疲れているようです。　玛莉小姐好像累了。

   ● S（普通形）ようです

   1）从视觉、听觉、触觉、嗅觉等五感获得的信息，说话者就情况做出推测或判断，在这样的场合使用这一句型。意思是"好像"。

   2）"ようです"之前使用普通形。な形容词的"だ"变为"な"、名词的"だ"变为"の"。

   マリーさんは野菜が嫌いなようです。　玛莉小姐好像不爱吃蔬菜。
   マリーさんは留守のようです。　玛莉小姐好像不在家。

   3）"そうです"说的主要是从外观凭直觉做出的判断，而"ようです"是以通过听、读得到的信息为依据做出的推断。⇒第37课-1

   （看老师的外表）
   新しい先生は厳しそうです。　新来的老师看上去好像很厉害。

   （听别人的话）
   新しい先生は厳しいようです。　新来的老师好像很厉害。

2. 山川さんはよく勉強しているのに、成績がよくないです。
   山川先生学习很用功，可是成绩不好。

   ● S1（普通形）のに、S2

   1）在S1讲了某个事实，而在S2表示的是与从这一事实按常理推断出的结果相反的情况。意思是"可是"。大多数场合，都是表示说话者对于这种预想之外的结果和不一致所感到的意外、谴责、不满、后悔等个人感情。

   2）S2中不能使用命令、委托以及表示说话者意志的表现。
   ×テストがあるのに、遊びに行こうと思う。

   另外、也有时不说S2。
   旅行のとき、使おうと思ってカメラを買ったのに……。
   本想旅行时用买的，可……。

3) "のに"之前使用普通形。但是，な形容词和名词的"だ"要变成"な"。

3. ナルコさんは結婚したばかりです。　纳鲁克先生刚结婚。

● V たばかりです

1) 这一句型是表示说话者觉得"V"发生之后经过的时间还不长。
例句表示的是，说话者觉得纳鲁克先生结婚的时间还不算太长。

2) "たばかりです"作为名词句使用。因此接续"〜のに""〜ので""〜とき"等时变为以下的形式。
さっき名前を聞いたばかりなのに、忘れてしまいました。
刚才刚问过了名字就忘掉了。
免許を取ったばかりなので、まだ運転が下手です。
因为刚考下驾照，所以还开不好。
日本へ来たばかりのとき、日本語が話せなくて困りました。
刚来日本的时候，苦于不会讲日语。

3) "V たばかりです"是把焦点放在感觉那个动作结束之后还没过多久的说话者的心情上，而"V たところです"是把焦点放在那个动作现在结束这个阶段上。⇒第37课 -**2**

词汇与文化信息

電車の事故　电车事故

1. 事故のお知らせ　事故通知

> お客様にお知らせいたします。先ほどA駅で起きました人身事故の影響で電車の到着が遅れております。皆様には大変ご迷惑をおかけいたしますが、到着までいましばらくお待ちください。
>
> 各位乘客请注意，由于刚才在A站发生的人身事故的影响，电车到站时间迟延。给大家带来不便，非常抱歉，请各位耐心等待电车的到来。

2. 電車のトラブルの原因　电车故障、事故的原因

1. 人身事故　人身事故
2. 信号故障　信号故障
3. 車両点検　车辆检查
4. 強風　大风
5. 大雪　大雪
6. 落雷　雷击

3. トラブルへの対応　电车故障、事故的対策

1. 運転を見合わせる　暂缓运行
2. 振替輸送を行う　（电车等因线路不通）让乘客换乘其他车辆
3. 遅延証明書を出す　出具延误证明

40 想送儿子去补习班,可……

会话

木村: 琞安女士,你有什么担心的事儿吗?
黎: 嗯,其实我想送儿子去补习班,可他一直不肯答应。
木村: 是吗?那就让孩子自由自在地去玩怎么样?
黎: 不过,儿子的朋友都在上补习班,而且……。
木村先生的儿子学生时怎么样?
木村: 我的儿子学生时没去补习班。他当时经常去游泳,还交了很多朋友,好像过得挺快乐的。
黎: 是吗?
木村: 让孩子去做他想做的事情,不是很好吗?
黎: 也许是这样。
我再和孩子好好商量一下看。

词汇

せいと	生徒	学生
じらい	地雷	地雷
せわ	世話	照顾、照料
パーマ		烫发
ピアス		耳钉
くちべに	口紅	口红
アクセサリー		服饰用品、首饰
たび	旅	旅行
ひとりたび	一人旅	一个人去旅行
くらし	暮らし	生活
ひとりぐらし	一人暮らし	一个人生活
プロジェクト		项目、规划
ディベート		辩论比赛
じゅく	塾	补习班
さんせい	賛成	赞成
グループ		小组
さんせいグループ	賛成グループ	赞成小组
ジャッジ		裁判、判定
ジャッジグループ		裁判小组
レベル		水平
～いがい	～以外	～以外

そめる Ⅱ	染める	染
かける[パーマを～] Ⅱ		烫[发]
のばす Ⅰ	伸ばす	放长、拉长
そうたいする Ⅲ	早退する	早退
まなぶ Ⅰ	学ぶ	学习
うんという Ⅰ	うんと言う	说可以

はで[な]	派手[な]	艳丽、花哨

| もし | | 假如 |
| それでは | | 那么 |

| しえきけい | 使役形 | 使役形 |

句型说明

使役形

1. 使役形

    1）上司、长辈让部下、晚辈去做什么事情,这叫做使役。

    使役有两种意思,一种是强制性地让其去做的意思,另一种是不带强制性的许可、容忍的意思。把动词变为使役形使用。

    2）使役形的作成方法如下:

    Ⅰ型:把字典形最后的音节"-u"变为"-a せる"。

    Ⅱ型:把字典形的"る"变为"させる"。

    Ⅲ型:"くる→こさせる"、"する→させる"

	V dic.	V(使役形)			V dic.	V(使役形)	
Ⅰ	いう きく いそぐ はなす まつ しぬ あそぶ よむ つくる	いわせる きかせる いそがせる はなさせる またせる しなせる あそばせる よませる つくらせる	う→わ く→か ぐ→が す→さ つ→た ぬ→な ぶ→ば む→ま る→ら	せる	Ⅱ	たべる あける みる	たべさせる あけさせる みさせる	る→させる
					Ⅲ	くる する	こさせる させる	

    3）使役形作为Ⅱ型动词发生词尾变化。

2. 先輩は後輩にトイレの掃除をさせます。　先辈让后辈打扫厕所。
   先輩は後輩を買い物に行かせます。　先辈让后辈去买东西。

    ● N1(人)は N2(人)に N3(物)を V(使役形)

    ● N1(人)は N2(人)を V(使役形)

    这是父母或老师等长辈或上司(N1)强制性地让晚辈或部下(N2)去做某事的表现。

    带有助词"を"的动词的场合,去动作的人(N2)用"に"来表示。

    不带助词"を"的动词的场合,去动作的人(N2)用"を"来表示。

3. | 母は 妹に好きなお菓子を買わせます。 | 妈妈让妹妹去买喜欢吃的点心。
   | 母は 妹を遊ばせます。 | 妈妈让妹妹玩耍。

   ● N1（人）は N2（人）に N3（物）を V（使役形）
   ● N1（人）は N2（人）を V（使役形）

   1）这是上司或长辈批准、容忍对方去做想要做的事情的表现，
      是强制的意思还是许可的意思，这要根据文脉来判断。
      わたしは野菜が嫌いなのに、母は毎日野菜をたくさん食べさせます。
      我讨厌吃蔬菜，可妈妈每天都让我吃很多蔬菜。（强制）
      父はレストランでわたしたちに好きなものを食べさせました。
      爸爸在饭店里让我们吃喜欢吃的东西。（许可、容忍）

   2）把这种许可、容忍作为恩惠接受，并加以表现的场合使用"V（使役形）てくれる"。
      高校生のとき、両親は一人旅をさせてくれました。
      高中的时候，父母让我一个人去旅游了。

4. | あした休ませていただけませんか。 | 明天可以让我休一天吗？

   ● V（使役形）ていただけませんか

   这是自己想做什么时，礼貌地请求上司批准的表现。⇒第16课 –1

词汇与文化信息

大学生活(だいがくせいかつ) 大学生活

入学式(にゅうがくしき)
入学典礼

新入生歓迎コンパ(しんにゅうせいかんげい)
新生欢迎会

オリエンテーション
（为新生、新职工等举办的）说明学习会

講義(こうぎ)
讲义

ゼミ
（大学生在教员指导下的）专题研讨班

サークル活動(かつどう)
课外活动

学園祭(がくえんさい)
学园文化节（日本学校每年以学生为主体举办的文化活动）

卒業式(そつぎょうしき)
毕业典礼

送別会(そうべつかい)（謝恩会(しゃおんかい)）
谢恩会（一般指学生在毕业时为感谢老师举办的饯别宴会）

学期(がっき) 学期（前期(ぜんき) 第1学期（前期） 後期(こうき) 第2学期（后期））
学生証(がくせいしょう) 学生证　学割(がくわり) 学生优惠折扣
卒業証明書(そつぎょうしょうめいしょ) 毕业证书　成績証明書(せいせきしょうめいしょ) 成绩单
単位(たんい) 学分　卒業論文(そつぎょうろんぶん) 毕业论文
就職活動(しゅうしょくかつどう) 就职活动

41 曾经在研究生院研究医学

会话

差猜： 同学们，今年文化节请来的客人是米利阿穆·塞隆老师。
老师 10 年前曾经在日本的研究生院研究医学。
老师，请多多关照。
塞隆： 我才要请大家关照呢。
差猜： 老师现在在进行什么研究？
塞隆： 在研究疟疾的疫苗。
差猜： 关于疫苗研制的可能性，老师是怎么考虑的？
塞隆： 现在全世界都在研究。虽然不容易，但我认为是一定能够研制出来的。
差猜： 我们也期待着那一天能早日到来。

词汇

おうじょさま	王女様	公主
スニーカー		旅游鞋、运动鞋
びよういん	美容院	美容院
ピアニスト		钢琴家
だいじん	大臣	大臣
きちょうひん	貴重品	贵重物品
にわ	庭	院子
かた	方	位（"ひと"的敬语）
シートベルト		座椅安全带
してんちょう	支店長	分店店长
インタビュアー		采访者
けいご	敬語	敬语
とうふ	豆腐	豆腐
とうふサラダ	豆腐サラダ	凉拌豆腐
さっか	作家	作家
せいじ	政治	政治
～か	～家	～家（接尾词、表示以～为专业的人）
せいじか	政治家	政治家
はいゆう	俳優	演员
がくしゃ	学者	学者
いがく	医学	医学
マラリア		疟疾
ワクチン		疫苗
げんざい	現在	现在
いらっしゃる Ⅰ		来、去、在（"いく""くる""いる"的尊敬语）
めしあがる Ⅰ	召し上がる	吃、喝（"たべる""のむ"的尊敬语）

おっしゃる　Ⅰ		说（"いう"的尊敬语）
ごらんになる　Ⅰ	ご覧になる	看（"みる"的尊敬语）
なさる　Ⅰ		做（"する"的尊敬语）
くださる　Ⅰ	下さる	给（"くれる"的尊敬语）
おせわになる　Ⅰ	お世話になる	承蒙关照
けんぶつする　Ⅲ	見物する	参观、游览
きがえる　Ⅱ	着替える	换衣服（衣服＋に）
しめる　Ⅱ	締める	系
ねがう　Ⅰ	願う	希望、祈愿
—ぶ	—部	—份（数小册子等时的量词）
—れつ	—列	—列（数成排的东西时的量词）
しょうしょう	少々	少许、一点儿（"すこし"的郑重说法）
～ずつ		（每人）分给～（表示固定的同数量分配）

ホンコン		香港
ブラジル		巴西
ミリアム・セロン		米利阿穆・塞隆
そんけいどうし	尊敬動詞	尊敬动词
そんけいけい	尊敬形	尊敬形

句型说明

尊敬表现

1. 尊敬语

    1）说话者对听话者或者"话题中的人物"表示敬意时使用敬语。

    敬语用于听话者或者"话题中的人物"是上边的人（老师、上司、长辈）、不熟悉的人以及不认识的人的场合。另外、在郑重的场面也会使用敬语。

    2）敬语可以分为尊敬语和自谦语两大类。

    说话者推崇地讲述行为者的行为、状态时，使用尊敬语。

    行为者谦逊地讲述自己的行为时，使用自谦语。⇒第 42 课

    在本课中，先来学习尊敬语。

    3）尊敬语有以下 3 种形态。

    ・尊敬动词（与原有动词完全不同形式的特殊尊敬语）⇒ **1**–5）

    ・おVになります⇒ **3**

    ・尊敬形⇒ **5**

    4）使用两个以上的动词时，主要把后面的动词变为尊敬语。

    5）下一页的表中所示是与原来动词完全不同形式的尊敬语动词。

V dic.	V（尊敬动词）普通形	V（尊敬动词）礼貌形
いく	いらっしゃる	いらっしゃいます
くる		
いる		
～ている	～ていらっしゃる	～ていらっしゃいます
たべる	めしあがる	めしあがります
のむ		
いう	おっしゃる	おっしゃいます
みる	ごらんになる	ごらんになります
する	なさる	なさいます
くれる	くださる	くださいます
～てくれる	～てくださる	～てくださいます
しっている	ごぞんじだ	ごぞんじです

"いらっしゃる"的ます形是"いらっしゃいます"。"おっしゃる""なさる""くださる"的ます形也同样是"おっしゃいます""なさいます""くださいます"。

2. 先生はあしたロンドンへいらっしゃいます。　老师明天去伦敦。

●尊敬动词

使用"いらっしゃいます"来替代"いきます"，以对去伦敦的老师表示敬意。与其他的人谈及自己家里人时，即使说的是祖父母或父母也不使用尊敬语。
　　×父は毎日電車で会社へいらっしゃいます。

3. 社長は5時にお帰りになります。　总经理5点回家。

●おVになります

差不多的动词都可以用"おVになります"的形式表示尊敬的意思。但是，Ⅲ型动词或"ます"之前为一个音节的动词（"います""みます""ねます"等）不能使用这一形式。Ⅰ型和Ⅱ型的动词在ます形前加"お"、去掉"ます"，接续"になります"。

　　かえります → おかえりになります
　　でかけます → おでかけになります
　　やすみます → おやすみになります

4. どうぞお入りください。　请进。

●おVください

是委托、指示等的尊敬表现。使用形式是"おVください"。

"おはいりください"较之"はいってください"礼貌，表示说话者对听话者的敬意。但是Ⅲ型动词或"ます"之前为一个音节的动词（"います""みます""ねます"等）不能使用这一形式。Ⅰ型和Ⅱ型的动词在ます形前加"お"、去掉"ます"，接续"ください"。

はいります → おはいりください
つかいます → おつかいください
ききます → おききください

5. 尊敬形

1）把动词变为尊敬形，作为敬语使用。

2）作成方法如下，与被动形相同。⇒第36课

	V dic.	V（尊敬形）			V dic.	V（尊敬形）	
Ⅰ	きく	きかれる	く→か		Ⅱ	かける	かけられる	る→られる
	つかう	つかわれる	う→わ	れる		おりる	おりられる	
	よむ	よまれる	む→ま		Ⅲ	くる	こられる	
						する	される	

Ⅰ型动词和Ⅲ型的"する"的尊敬语和被动形的形式相同。

Ⅱ型动词和Ⅲ型的"くる"的尊敬语和可能形、被动形的形式相同。

是哪一种意思要从文脉上来判断。

今はインターネットで何でも調べられます。（可能）

如今在因特网上什么都可以查。

空港でかばんの中を調べられました。（被动）

在机场，提包里的东西被查看了。

社長はご自分で書類を調べられました。（尊敬）

总经理亲自查了文件。

3）尊敬语都作为Ⅱ型动词发生词尾变化。

6. 社長（しゃちょう）は毎日（まいにち）8時（じ）に来（こ）られます。　総经理每天8点来。
   ●尊敬形
   在这个句子中，使用"こられます"来替代"きます"，以表示对总经理的敬意。

---

① どんなものがお好（す）きですか。　您喜欢什么东西？
   在一部分形容词前加上词头"お"，可以表示对对方的敬意。
   　　　なA：すきです　　　→　おすきです
   　　　　　　げんきです　　→　おげんきです
   　　　いA：いそがしいです　→　おいそがしいです
   　　　　　　わかいです　　→　おわかいです

词汇与文化信息

旅行(りょこう) 旅行

JR新幹線で行く京都3日間【とらや旅館に泊まる】
利用JR新干线往返的京都3日游（住宿饭店：虎屋旅馆）

- [とらや旅館] 虎屋旅馆
  京都駅下車、徒歩2分
  京都站下车后，走路2分钟
  お好きな浴衣がお選びになれます。
  可以挑选自己喜欢的浴衣。

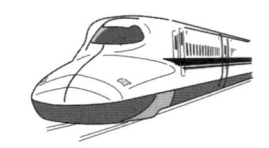

- JR新幹線全列車がご利用になれます。
  JR新干线所有列车均可乘坐。

ツアー日程　旅行团日程

	行程 行程	食事 膳食	宿泊 住宿
1	東京駅発→（JR新幹線）→京都駅着 东京车站发车→（JR新干线）→京都车站到站	朝：×　早餐 昼：×　中餐 夕：○　晚餐	とらや旅館 虎屋旅馆
2	終日自由行動。　全天自由活动 京都をお楽しみください！ 请在京都尽情游玩！ ※レンタカープランもございます！ 　お問い合わせください。 　备有汽车租用项目，请咨询。	朝：○ 昼：× 夕：○	とらや旅館 虎屋旅馆
3	ホテル…京都駅→（JR新幹線）→東京駅着 饭店…京都车站→（JR新干线）→东京站到站	朝：○ 昼：×	

オプショナルツアー 可以任意挑选的旅游项目	舞妓体験ツアー　京都舞女体验旅游项目 座禅体験ツアー　坐禅体验旅游项目

42 是10年前来日本的

会话

林： 谢谢各位今天光临。我是10年前来日本的。从昴日语学校毕业后，考上了百合大学。大学毕业以后，在高峰旅行社工作了5年。在各位的关照之下，今天终于成立了自己的旅行社。我希望在各位指教之下，能把公司办成一家立足于新时代先端的企业。请各位多多关照。

木村： 林先生，祝贺你！

铃木： 大家都在为你加油啊！

史密斯：林先生，努力干吧！

林： 谢谢。

词汇

わたくし	私	我（"わたし"的自谦语）
けんちくがく	建築学	建筑学
とし	都市	城市
としけいかく	都市計画	城市规划
くにぐに	国々	各个国家
こうそく	高速	高速
こうそくどうろ	高速道路	高速公路
プレゼンテーション		发表、说明
でんごん	伝言	口信、传话
うちあわせ	打ち合わせ	商量、碰头
あてさき	あて先	收信人的姓名、地址
けんめい	件名	邮件名称（用于伊妹儿中）
おたく	お宅	贵府（"いえ"的礼貌说法）
おかげ		托福
じだい	時代	时代
ほんじつ	本日	今天（"きょう"的郑重说法）
まいる　I	参る	去、来（"いく""くる"的自谦语）
おる　I		在（"いる"的自谦语）
もうす　I	申す	说（"いう"的自谦语）
はいけんする　III	拝見する	看（"みる"的自谦语）
いたす　I		做（"する"的自谦语）
うかがう　I	伺う	问、听、去（"きく""いく"的自谦语）
ぞんじておる　I	存じておる	知道（"しっている"的自谦语）
せんこうする　III	専攻する	专攻
むすぶ　I	結ぶ	连接、系

はずす［せきを～］ Ⅰ	外す［席を～］	离开［座位］
ごぶさたする Ⅲ		久未问候
すごす Ⅰ	過ごす	生活、过日子
しんがくする Ⅲ	進学する	升学（学校＋に）
つとめる Ⅱ	勤める	工作、上班
リードする Ⅲ		领先、领导
おうえんする Ⅲ	応援する	声援、助威
なつかしい	懐かしい	怀念
～かん	～間	～间
―ねんかん	―年間	―年
なぜ		为什么
そして		然后、于是
おめでとうございます。		祝贺你（们）。

マレーシア		马来西亚
アジア		亚洲
まつやま	松山	松山
タン・ズイチン		唐・自勤
やまだ	山田	山田
スバルけんせつ	スバル建設	昴建设
サミットりょこうしゃ	サミット旅行社	高峰旅行社
けんじょうどうし	謙譲動詞	自谦动词
しゅく	祝	祝（在表示祝贺赠送的礼品所附有的卡片上书写的固定用语）

句型说明

自谦表现

1. 自谦语

    1）自谦语是说话者以谦逊的态度来讲述自己的行为动作，以此来表示对动作承受者的敬意。

    2）自谦语有以下两种形式。
    - 自谦动词（与原有动词完全不同形式的特殊动词）⇒ 1-3）
    - "おVする" ⇒ 3

    3）下表所示是与原来动词完全不同形式的自谦动词。

V dic.	V（自谦动词）普通形	V（自谦动词）礼貌形
いく	まいる	まいります
くる		
いる	おる	おります
～ている	～ておる	～ております
たべる	いただく	いただきます
のむ		
もらう		
～てもらう	～ていただく	～ていただきます
いう	もうす	もうします
みる	はいけんする	はいけんします
する	いたす	いたします
きく	うかがう	うかがいます
（うちへ）いく		
しっている	ぞんじておる	ぞんじております

2. 3時に伺います。　我3点去拜访。

    ●自谦动词

    与上司、长辈以及不熟悉的人说话时，使用对自己和自己一方的人的动作表示谦逊的特殊动词。

    A：あした何時にうちへ来ますか。　您明天几点来我家？
    B：3時に伺います。　我3点去拜访。

3. | 私がお手伝いします。 | 我来帮忙。
   | 私がご説明します。 | 我来说明。

● お／ご V します

1）是为了听话者而以谦逊的态度来讲述自己的行为动作的表现。
　　不过，即使对方是说话者必须对其表示敬意的人，但说话者的行为与对方没有直接的关系时也不使用自谦语。
　　　A：Bさんは毎晩何を飲みますか。　B先生每天晚上喝什么？
　×B：ビールをお飲みします。

2）Ⅰ，Ⅱ型动词的ます形前加"お"，把"ます"变为"します"。
　　てつだいます → おてつだいします
　　　みせます → おみせします

"ます"之前为一个音节的动词（"います""みます""ねます"等）不能使用这一形式。

Ⅲ型的"せつめいする""れんらくする"等动词前加"ご"。
　　せつめいします → ごせつめいします
　　れんらくします → ごれんらくします

词汇与文化信息

店での表現　店内实用表现

1. **カフェ・ハンバーガーショップ**　咖啡店、汉堡包快餐店

   ご注文は？　您订什么？

   コーヒー、お願いします。　来一杯咖啡。

   こちらでお召し上がりですか。　是在店里吃吗？

   お持ち帰りですか。　是带回去吗？

   お砂糖、お使いですか。　要不要糖？

   少々お待ちください。　请稍等一下。

   ごゆっくりどうぞ。　请慢慢儿吃。

2. **レストラン**　餐厅、饭店

   何名様ですか。　是几位？

   お会計はご一緒ですか。　一起结帐吗？

   別々にお願いします。　请分别结帐。

3. **コンビニ**　便利店

   お弁当、温めましょうか。　盒饭要热吗？

   おはし、おつけしましょうか。　要筷子吗？

   袋に入れますか。　要装袋子吗？

まとめ8

词汇

ちゅうしゃ	駐車	停车
ちゅうしゃきんし	駐車禁止	禁止停车
ホームシック		想家
げんきづける Ⅱ	元気づける	鼓劲儿
かんしゃする Ⅲ	感謝する	感谢
むかう Ⅰ	向かう	朝着～
いや		不是（用于轻微的否定）

巻末

词汇

—ひき／びき／ぴき	—匹	—匹、—只、—条（用来数小动物、昆虫、鱼等的量词）
—ミリ（メートル）（mm）		—毫米
—へいほうメートル（m²）	—平方メートル	—平方米
—へいほうキロメートル（km²）	—平方キロメートル	—平方公里
—グラム（g）		—克
—シーシー（cc）		—立方厘米
—リットル（ℓ）		—升
—りっぽうメートル（m³）	—立方メートル	—立方米
—びょう	—秒	—秒

たんい	単位	单位
たどうし	他動詞	他动词（及物动词）
じどうし	自動詞	自动词（不及物动词）

執筆者
山﨑佳子　元東京大学大学院工学系研究科
石井怜子　麗澤大学
佐々木薫
高橋美和子
町田恵子　元公益財団法人アジア学生文化協会日本語コース

翻訳
徐前

本文イラスト
内山洋見

カバーイラスト
宮嶋ひろし

装丁・本文デザイン
山田武

日本語初級２大地
文型説明と翻訳　中国語版

2010年 6 月18日　初版第 1 刷発行
2024年 8 月29日　第 5 刷 発 行

著　者　　山﨑佳子　石井怜子　佐々木薫　高橋美和子　町田恵子
発行者　　藤嵜政子
発　行　　株式会社スリーエーネットワーク
　　　　　〒102-0083　東京都千代田区麹町 3 丁目 4 番
　　　　　　　　　　　トラスティ麹町ビル 2 F
　　　　　電話　　営業　03（5275）2722
　　　　　　　　　編集　03（5275）2725
　　　　　https://www.3anet.co.jp/
印　刷　　倉敷印刷株式会社

ISBN978-4-88319-530-5　C0081
落丁・乱丁本はお取替えいたします。
本書の全部または一部を無断で複写複製（コピー）することは著作権法上での例外を除き、禁じられています。